中国科大龙舟队成立十周年之际包信和校长与龙舟队队员及教练合影

劈波斩浪 砥砺前行

中国科大龙舟队十周年

司友志 主编

中国科学技术大学出版社

内容简介

中国科大龙舟队自2012年成立以来获得世界名校、全国名校龙舟竞渡冠军16项、一等奖6项，取得了辉煌的战绩，体现了中国科大人顽强拼搏的精神风貌。本书以图片的形式，记录了中国科大龙舟队从2012年如婴儿般出生到现在茁壮成长，从没有固定的训练场所到拥有第一条龙舟，再到拥有固定训练基地的发展历程。通过照片能够看到队员们互相鼓劲、奋力拼搏和赢得比赛的过程，还有与对手们水上竞技、岸上联谊的美好场面。本书记录了中国科大龙舟队十年间队员们的激情与汗水，饱经打磨的身体与灵魂，良好氛围下的苦中有乐，难以忘怀的每个瞬间。

图书在版编目（CIP）数据

劈波斩浪 砥砺前行：中国科大龙舟队十周年 / 司友志主编. —合肥：中国科学技术大学出版社，2023.4
ISBN 978-7-312-05545-4

Ⅰ.劈… Ⅱ.司… Ⅲ.龙舟竞赛—中国—画册 Ⅳ.G852.9-64

中国版本图书馆CIP数据核字（2022）第234169号

劈波斩浪 砥砺前行
中国科大龙舟队十周年
PIBO-ZHANLANG DILI QIANXING:
ZHONGGUO KEDA LONGZHOU DUI SHI ZHOUNIAN

出版	中国科学技术大学出版社 安徽省合肥市金寨路96号，230026 http://press.ustc.edu.cn http://zgkxjsdxcbs.tmall.com
印刷	广东虎彩云印刷有限公司
发行	中国科学技术大学出版社
开本	889 mm×1194 mm 1/12
印张	18
字数	225千
版次	2023年4月第1版
印次	2023年4月第1次印刷
定价	200.00元

劈波斩浪　砥砺前行

中国科大龙舟队十周年

编委会

主　编　司友志

副主编　曾　文

编　委（以姓氏笔画为序）

　　　　王甘霖　吕梦圆　刘一鸣　刘　杰
　　　　麦贤龙　林高华　徐志超　黄　麒
　　　　葛浩森　蒋谟东　韩书雅　樊洋洋
　　　　黎　雷

序

连桨轻舟渡，击鼓少年游。转眼间，中国科大龙舟队已经走过十载春秋。

奋楫十载，中国科大龙舟队筚路蓝缕、勇立潮头。中国科大龙舟队从2012年成立至今，全体成员栉风沐雨、艰苦奋斗、同心共渡、击水中流，在发展中形成了优良的传统，在成长中塑造了团结的队伍，在竞赛中取得了骄人的成绩。一届届龙舟人凭借奋发向上的作风和奋勇拼搏的精神，在各类赛事中充分展现了科大学子的实力和风采，为我校打造了一张竞技体育的名片。

耕耘十载，中国科大龙舟队涓滴成海、润物无声。云程发轫，踵事增华。如今，中国科大龙舟队在各级部门的支持下，已经从一个只有12人的竞技队伍发展成为集竞技训练、赛事筹办、文化传播等于一体的、规模逾百人的学生体育组织，龙舟文化也逐渐深入人心。随着中国科大龙舟队举办的各类社团活动的覆盖面不断扩大、影响力不断增强，在校园体育文化建设中发挥了重要的作用。

砥砺十载，中国科大龙舟队薪火相承、厚积薄发。随着健康第一的教育理念不断深化，帮助学生在体育锻炼中享受乐趣、增强体质、健全人格、锤炼意志已成为新时代校园体育工作的重点。潮平两岸阔，扬帆正当时。作为科大体育的桥头堡，我们期望中国科大龙舟队能够再接再厉、继往开来，站在新的历史起点上进一步发挥先导作用，为学校争取更多荣誉，为弘扬科大体育精神、丰富科大体育文化做出更大的贡献。

周丛照
中国科学技术大学党委常委、副校长
2022年5月

前　言

中国科大龙舟队始建于2012年，自成立以来，我们的队伍就处于各大高校的前列，多年来积累的荣誉不仅受到校内师生的一致认可，赛场实力也不容小觑。中国科大龙舟队经过场场比赛的洗礼，愈发蓬勃向上。

本书自2021年开始构思，于2022年5月成稿，用五个章节对中国科大龙舟队过去十年的发展历程进行梳理。第一章"筚路蓝缕"介绍了中国科大龙舟队的建立和发展；第二章"百舸争流"历数了每年的龙舟竞赛与成绩；第三章"推而广之"记录了中国科大龙舟队的校园文化活动；第四章"感慨系之"是部分队员对自己队伍的感言；第五章"济济一堂"是过去十年所有队员的总名单。

赛场上的光辉成绩，根植于场下的刻苦训练。一群年轻人用他们的课余时间，在健身房里一挺一举挥洒汗水，在湖面上左桨右桨漾起波浪，能夺得佳绩，是热爱更是坚持。队伍中充斥着一股坚韧顽强的精神，鼓舞队员们奋发向上。

龙舟精神传承自科大精神，勇攀高峰是队员们共同的追求。训练积极、健身刻苦，是因为队员们知道赛场上的争分夺秒，靠的是场下的努力与坚持。

本书是对过去十年的总结，更是对未来的展望。希望在下一个十年，有更多的同学可以参与到龙舟这项运动中来，中国科大龙舟队可以取得更好的成绩！从也西湖到稻香楼，再到二里河，中国科大龙舟队必将铸就更大辉煌！

司友志
2022年5月

目 录

序   I

前言   III

第一章　筚路蓝缕   001

   一、中国科大龙舟队的建立   002

   二、中国科大龙舟队的训练发展   003

   三、中国科大龙舟队的成绩   014

第二章　百舸争流   017

   一、2012年   018

   二、2013年   022

   三、2014年   026

   四、2015年   037

   五、2016年   048

   六、2017年   056

   七、2018年   076

   八、2019年   101

   九、2020年   120

   十、2021年   125

第三章　推而广之 — 143

    一、学生团体逐步壮大（龙舟协会）　144

    二、校园龙舟赛　146

    三、舞龙队　151

    四、教职工队伍、留学生队伍和女队　154

    五、媒体聚焦　159

    六、十周年系列活动　160

第四章　感慨系之 — 171

    一、领队、教练寄语　172

    二、队员感悟　173

第五章　济济一堂 — 185

第一章

筚路蓝缕

一、中国科大龙舟队的建立

2012年5月7日,中国科大瀚海星云(BBS)这样一则不起眼的通知,开启了中国科大龙舟队的辉煌历程。

经过多轮选拔,队伍最终名单产生了。

(第一排左起)葛浩森、叶林铨、韩书雅、王琦、陈雷、王海清、侯纪伟、吴林军、司友志(教练);

(第二排左起)杨凯婷、黄海、杨雅琦、李竹韵。

一个多月后，中国科大龙舟队参加了第一场比赛——中国名校龙舟竞渡（C9高校赛），并一举夺得冠军。至此，中国科大龙舟队正式成立，并快速发展壮大。

二、中国科大龙舟队的训练发展

龙舟运动需要高强度的水上训练和陆上训练。十年间，为了不断提高队伍竞争力，在司友志教练和队员们的努力下，中国科大龙舟队的训练方式不断革新，与时俱进，逐渐形成了科学成熟的训练体系。

1. 水上训练场地的变迁

中国科大龙舟队一直没能拥有一个稳定便捷的训练场地，队员们一直在各地辗转。

（1）三河古镇（2012—2013年）

中国科大龙舟队创立之初，在50千米外的肥西县三河古镇进行训练，训练通常选在周末，队员们往往是朝往暮归，中午就地简餐休息。

（2）黑池坝（2013—2014年）

2013年，中国科大龙舟队考虑转至蜀山区黑池坝风景区训练，黑池坝水域极好，距离中国科学技术大学（下文简称"科大"）近，水面开阔。后来由于某些原因，即使司老师多次与各方协调沟通，中国科大龙舟队还是未能在此地继续训练。

（3）紫蓬山（2014—2016年）

2014年，中国科大龙舟队转至30千米外的肥西县紫蓬山安徽省水上运动管理中心训练，并持续至2016年。安徽省水上运动管理中心水面开阔，水质干净，条件极佳，但由于路途遥远，大约需3个小时的车程，因此训练只能安排在周末，但安徽省水上运动管理中心的优良条件对于中国科大龙舟队的发展帮助极大。

(4) 官亭林海（2017年）

2017年春，中国科大龙舟队又转至40千米外的官亭林海进行训练。

2017年，中国科大龙舟队开始在校园内的水域训练。起初，中国科大龙舟队尚未拥有一条龙舟，队员们只能在岸边进行静水划桨练习。

后来，由于学校的支持与新创基金会的赞助，中国科大龙舟队在2017年5月的最后一天，于科大西区也西湖迎来了自己的第一条龙舟"耘遥号"。

"耘遥号"的名称是中国科大龙舟队第二任队长林高华所起的。最早中国科大龙舟队在三河跟着当地的教练进行训练,教练在训练中爱用三河口音讲"匀一下腰",因此便用谐音"耘遥"来命名第一条龙舟,寓意为"辛勤耕耘,扶摇千里"。

"耘遥号"下水前的请龙头仪式,队员们开香槟庆祝。

也西湖虽然条件简陋，但为校内训练提供了极大的便利。谁也想象不到，这条不到80米的直道，竟成为中国科大龙舟队获得2017年与2018年中国大荔世界名校龙舟赛200米冠军、500米冠军的最大助力。然而，也西湖训练基地也只持续到2019年，因湖水疏浚需要，中国科大龙舟队搬出了也西湖。

（6）稻香楼（2018年8月—2020年8月）

2018年8月，经队员荣伟牵线，中国科大龙舟队在稻香楼建立了水上训练基地。大家为即将拥有一个稳定的水上训练基地激动不已。

第一章　筚路蓝缕

队员们连夜把船搬到新基地

2019年10月1日,在稻香楼水上训练基地,中国科大龙舟队拿出了所有家当,庆祝祖国母亲七十周岁生日

稻香楼水上训练基地水质优良，水面开阔，近500米的航道陪伴了队员们两年的训练时光。2020年，中国科大龙舟队应稻香楼要求搬出。

随着"耘遥号"出水，中国科大龙舟队结束了在稻香楼水上训练基地的训练。

（7）匡河（2020年9月—2021年6月）

2020年秋，合肥市龙舟协会匡河基地成为中国科大龙舟队训练的新主场。尽管匡河基地水质很差，但赛道长达1000米，距离学校仅半个小时的车程，因此队员们十分珍惜匡河的训练机会。

可是由于居民投诉等种种原因,中国科大龙舟队于2021年6月停止了在匡河的训练。

(8)二里河(2021年7月至今)

2021年7月,在学校的支持下,中国科大龙舟队在国家同步辐射实验室附近的二里河建立训练基地。几经波折,中国科大龙舟队重新搬回校内训练基地。

二里河训练基地水深1米，垃圾杂物多，河道两侧杂树丛生，妨碍行船，影响训练，但校内训练基地极大地方便了中国科大龙舟队水上训练的开展，训练常态化得以实现。

（9）稻香楼（2022年4月筹）

在中国科大龙舟队成立十周年之际，在校领导、司友志教练等多方努力下，中国科大龙舟队即将重回稻香楼水上训练基地，一路辗转，实属不易。

2. 水上训练

第一阶段（2012—2013年）

技术来源：三河农民队高教练、合肥市龙舟协会朱道发教练。

技术特点：上方手支撑，下方手伸直传力，靠下腰起腰发力拉桨，可以有效发挥腰腹核心力量，但整体上比较粗糙，在转腰、划桨节奏、回桨方式等方面并未制定统一的标准，整船的划水效率还不够高。

第二阶段（2014年）

技术来源：安徽省水上运动管理中心划艇运动员汪伟和李浩。

技术特点：下腰更狠，桨程更长，拉桨前半程可以更加有效地发挥腰腹核心力量，但拉桨后半程发力效率较差，桨叶只有一半在水中，同时小臂肌肉参与过多，使小肌群更容易疲劳，不利于长距离的比赛。

第三阶段（2015—2016年）

技术来源：安徽省水上运动管理中心教练。

技术特点：追求高桨频，桨程大幅缩短；下桨深度不够，划桨效果大大降低。从2016年开始，中国科大龙舟队开始决定自己研究划桨技术，从相关文献和比赛视频中学习更有效率的动作。

第四阶段（2016—2020年）

技术来源：前武汉大学龙舟队队员骆安和刘鹏、顺德乐从龙舟队职业划手任玉龙。

技术特点：更深的下腰幅度，更长的桨程，注重斜切入桨与转腰，使得前程发力更加高效，但桨频偏高，体能消耗大，动作不够简洁。

第五阶段（2021年至今）

技术来源：广东新会泓达堂龙舟队、南昌小蓝虎山龙舟队、南海九江龙舟队领桨手魏乐。

技术特点：上手支撑，快拉慢回，注重桨叶在水下的爆发力，讲究拉桨与出桨的果断，注重长距离体能分配的策略与原理，技术特点复杂，学习难度高。

3. 陆上训练

第一阶段（2012—2014年）

这一阶段的训练以队员们自发去健身房训练为主。集中训练只包括热身跑、拉伸、引体向上和5000米长跑。

第二阶段（2015—2016年）

队员们开始去健身房统一训练，但是仍缺少固定的训练计划，更多的是以老带新的形式开展，多采用健美式分块训练，主要动作有卧推、卷腹、山羊挺身和深蹲等。

第三阶段（2017—2019年）

2017年向前职业队员学习了小重量循环组的训练方法，动作包括卧推、深蹲、高位下拉、转腰和波比跳等，该训练方式有助于保持力量与耐力。随着龙舟竞技水平的普遍提升，该训练体系显示出了它的局限性，由于对绝对力量的忽视，导致划桨效果不佳。

第四阶段（2020—2022年）

中国科大龙舟队开始摸索新的陆上训练体系。2020年初，队员们与世界冠军魏乐进行交流，让他们认识到了绝对力量训练的重要性。考虑到队员们缺少便捷优良的水上训练基地，且没有充足稳定的训练时间，因此他们必须更加注重绝对力量训练，以弥补水上训练的不足。中国科大龙舟队从2020年起，每年休赛季（每年11月至次年2月）暂停跑步等有氧训练，集中进行两个月的绝对力量训练，通过对卧推、卧拉的最大重量以及引体向上等项目进行测试，检验队员们的绝对力量训练情况。就目前而言，这是更为科学合理的训练体系，比赛成绩也佐证了这一点。

三、中国科大龙舟队的成绩

中国科大龙舟队成立于2012年，是隶属于中国科学技术大学体育教学部的校级体育团队，是近些年来中国科大师生最为骄傲的体育运动队。由司友志老师担任教练，队员们均为热爱运动、努力拼搏的在校生。

中国科大龙舟队秉承"不要命的上科大"之精神，第一场比赛就斩获中国名校龙舟竞渡（C9高校赛）冠军，为中国科大龙舟队的发展打下了良好的基础。十年来，中国科大龙舟队秉承优良的传统，团结奋进，吸引了学校里越来越多的运动爱好者加入，逐渐发展壮大并稳居各赛事强队行列，竞技成绩十分辉煌。中国科大龙舟队共赢得国际赛事冠军5个、国内高校赛事冠军11个、省内高校及社会团体赛事冠军12个。

中国科大龙舟队将龙舟运动作为文化育人的重要载体，积极在学校师生中推广水上运动。龙舟队还吸引了留学生和教职工的参与。留学生龙舟队于2018年组建，多次随学生队参加省高校赛。教职工龙舟队自2019年组建以来，荣获2019年中国科学院成立七十周年龙舟赛冠军与2021年安徽省全运会选拔赛龙头奖。此外，龙舟队通过成立龙舟协会、开设龙舟体验课程、举办校园龙舟赛等形式积极搭建平台，让更多的师生在团结协作、同场竞技中传承和发扬龙舟文化。

主要比赛成绩：

2012年中国名校龙舟竞渡（C9高校赛）一等奖

2013年中国名校龙舟竞渡（C9高校赛）一等奖

2014年中国名校龙舟竞渡（C9高校赛）一等奖

2014年中国知名高校建德新安江龙舟赛（10千米赛）一等奖

2014年安徽省龙舟公开赛（高校组）一等奖

2015年中国名校龙舟竞渡（C9高校赛）一等奖

2015年中国C9高校建德新安江龙舟赛（10千米赛）一等奖

2015年安徽省龙舟公开赛（高校组）一等奖

2016年合肥市第十一届全民运动会龙舟项目（紫蓬山）一等奖

2016年安徽省龙舟公开赛（高校组）（颍上站）一等奖

2017年"领航蜀山"合肥市端午龙舟赛冠军

2017年中国名校龙舟竞渡（C9高校赛）一等奖

2017年中国大荔世界名校龙舟赛200米直道冠军

2017年中国大荔世界名校龙舟赛500米直道冠军

2017年安徽省龙舟公开赛（高校组）一等奖

2018年"领航蜀山"合肥市端午龙舟赛冠军

2018年国际名校学霸龙舟赛200米直道冠军

2018年国际名校学霸龙舟赛2000米绕标亚军

2018年中国大荔世界名校龙舟赛200米直道冠军

2018年中国大荔世界名校龙舟赛500米直道冠军

2018年中国大荔世界名校龙舟赛2000米直道季军

2018年中国名校龙舟竞渡（C9高校赛）一等奖

2019年安徽省龙舟公开赛（肥西站）一等奖

2019年"领航蜀山"合肥市端午龙舟赛一等奖

2019年中国名校龙舟竞渡（C9高校赛）一等奖

2019年安徽省龙舟公开赛（黄山站）一等奖

2020年合肥市运动会龙舟比赛一等奖

2020年安徽省高校龙舟赛一等奖

2021年中国名校水上运动公开赛一等奖

2021年安徽省龙舟公开赛（亳州站）龙头奖

2021年合肥市全民健身运动会龙舟比赛冠军

2021年安徽省龙舟公开赛（黄山站）一等奖

第二章

百舸争流

一、2012年

中国名校龙舟竞渡（C9高校赛）（2012年6月23日）

中国名校龙舟竞渡（C9高校赛）每年于端午节前后由浙江大学举办，邀请C9高校以及另外几所国内顶尖大学的龙舟队前往浙江参加比赛，这既是一场比拼实力的竞技比赛，更是一个我国C9名校间友谊与文化的交流平台。

C9高校赛是中国科大龙舟队参加的第一场比赛，见证了中国科大龙舟队的诞生，目睹了中国科大龙舟队的成长，有着非凡的意义。每年，中国科大龙舟队都会通过激烈的报名选拔出优秀的队员，队员们的拼劲与血性在这场比赛中得到传承。

参赛人员：司友志（教练）、葛浩森、叶林铨、韩书雅、王琦、陈雷、王海清、侯纪伟、吴林军、杨凯婷、黄海、杨雅琦、李竹韵。

赛前训练合照

比赛进行时（一）

比赛进行时（二）

颁奖时刻（一）

颁奖时刻（二）

新闻：我校勇夺第二届中国名校龙舟竞渡（C9高校赛）冠军

二、2013年

中国名校龙舟竞渡（C9高校赛）（2013年6月11日）

参赛人员： 司友志（教练）、曾文（领队）、葛浩森、韩书雅、吴林军、王琦、陈俊源、朱振宇、王珂、林高华、杨雅琦、梁菊、吕青霜、汪芳、符燕燕。

赛前训练（一）

赛前训练（二）

比赛前合照

比赛进行时

颁奖时刻(冠军)

新闻:我校学生龙舟队
卫冕第三届中国名校龙
舟竞渡(C9高校赛)

三、2014年

1. 中国名校龙舟竞渡（C9高校赛）（2014年6月1日）

参赛人员：司友志（教练）、曾文（领队）、葛浩森、吴林军、林高华、金成、宋国锋、仲仁、李冬冬、陈杰、吕青霜、范晓蕾、刘珣、雷洁英、许少歆。

赛前合影（一）

赛前合影（二）

比赛进行时

颁奖时刻（冠军）

新闻：我校学生龙舟队勇夺中国名校龙舟竞渡（C9高校赛）冠军

2. 中国知名高校建德新安江龙舟赛（10千米赛）（2014年7月17日）

2014年7月17日下午，"第十六届中国·17度建德新安江旅游节开幕式暨2014中国知名高校建德新安江龙舟赛"在浙江省建德市新安江盛大开幕。C9高校学子们欢聚在"夏日寒江"之上，用汗水书写属于自己的青春记忆。

本届龙舟赛罕见地设置了10千米超长往返赛道，并且在前5千米，选手们还要克服逆流的困难，这对选手们的耐力、体力、毅力都是极大的挑战。最终，中国科大龙舟队以绝对优势在10千米绕标拉力赛中率先冲过终点，夺得冠军。

参赛人员： 司友志（教练）、曾文（领队）、Margret Cron、陈俊源、葛浩森、韩书雅、乌云嘎、蒋小菲、张隆娟、许家骏、郑显泽、刘珣、王婉晴、马啸、艾道盛、刘一鸣、金成、吴林军、吕青霜、张小雪、张云鹏、邹梓成、朱成、林高华、刘威。

赛前训练

赛前紫蓬山训练

左起第四为中国科大龙舟队,中国科大龙舟队一马当先

比赛进行时

夺冠时刻

比赛合照（一）

比赛合照（二）

新闻：我校勇夺中国知名高校建德新安江龙舟赛一等奖第一名

3. 安徽省龙舟公开赛（高校组）（2014年11月14日）

2014年11月14日，首届安徽省龙舟公开赛（高校组）在美丽的堰湾湖畔擂鼓开赛，中国科大龙舟队获得冠军。

参赛人员： 司友志（教练）、葛浩森、林高华、韩书雅、金成、刘一鸣、乌云嘎、张云鹏、邹梓成、马啸、许家骏、宋国锋、仲仁、刘威、郑显泽。

赛前合影

比赛进行时（一）

比赛进行时（二）

赛后合影

颁奖合照

新闻：我校学生代表队获安徽省首届龙舟公开赛（高校组）冠军

四、2015年

1. 中国名校龙舟竞渡（C9高校赛）（2015年6月20日）

参赛人员： 司友志（教练）、曾文（领队）、葛浩森、吴林军、金成、刘一鸣、邹梓成、马啸、李冬冬、郑显泽、张小雪、王婉晴、李平金、马儒、曹树灿。

赛前合影（一）

赛前合影（二）

比赛进行时

颁奖时刻（冠军）

至此，中国科大龙舟队实现了中国名校龙舟竞渡（C9高校赛）四连冠。

新闻：我校龙舟队连续四年夺得中国名校龙舟竞渡（C9高校赛）冠军

2. 安徽省龙舟公开赛（高校组）（紫蓬山站）（2015年7月12日）

参赛人员：司友志（教练）、曾文（领队）、葛浩森、吴林军、金成、刘一鸣、邹梓成、马啸、韩书雅、宋国锋、郑显泽、李冬冬、徐印涵、林高华、李陈胜、仲仁、张泽树、孙海龙、吕晓新、马儒、曹树灿、李平金、刘珣、汪芳。

比赛进行时

颁奖时刻(一等奖)

颁奖合照

新闻：我校学生龙舟队获安徽省第二届龙舟公开赛（高校组）（紫蓬山站）一等奖

3. 中国C9高校建德新安江龙舟赛（10千米赛）（2015年7月17日）

参赛人员：司友志（教练）、曾文（领队）、葛浩森、吴林军、金成、刘一鸣、邹梓成、宋国锋、李冬冬、郑显泽、马啸、陈明壮、韩书雅、张泽树、徐印涵、孙海龙、李陈圣、吕晓新、马儒、王婉晴、刘珣、汪芳、曹树灿、李平金、吕青霜。

赛前合影

比赛进行时

颁奖时刻（冠军）

新闻：我校龙舟队蝉联中国C9高校建德新安江龙舟赛冠军

4. "体彩杯"2015年中国黄山国际龙舟公开赛暨第五届黄山市新安江龙舟赛（2015年9月26日）

2015年9月26日，"体彩杯"2015年中国黄山国际龙舟公开赛暨第五届黄山市新安江龙舟赛在黄山市中心城区新安江照壁怀古河段举行。比赛邀请了26支代表队共400余人参赛。赛事设特邀组、名校男子组、名校女子组和市内组4个组别。竞赛项目为200米、500米直道竞速，采取预赛、决赛的方式进行。中国科大龙舟队参加了名校男子组的比赛，并在200米和500米直道竞速中均取得第三名的好成绩。

参赛人员：司友志（教练）、陈明壮、马啸、乌云嘎、许家骏、金成、邹梓成、李陈圣、张泽树、吕晓鑫、宋国峰、韩书雅、郑显泽、马儒、刘一鸣。

比赛合影

合影留念

五、2016年

1. 合肥市第十一届全民运动会龙舟项目（紫蓬山）（2016年6月9日）

参赛人员： 司友志（教练）、林高华、马啸、吕晓新、李陈圣、李平金、马儒、曹树灿、邹梓成、仲仁、万昌林、陈俊源、张泽树、葛浩森、刘一鸣、荣伟、韩书雅、金成、周志平、宋国峰、郑显泽、陈明壮、徐印涵、许家骏。

比赛进行时

比赛中教练、队员的帅气特写

赛后合影（一等奖）

2. "体彩杯"2016年中国黄山国际龙舟公开赛暨第六届黄山市新安江龙舟赛（2016年9月24日）

参赛人员： 司友志（教练）、张士龙、马啸、韩书雅、荣伟、梁令、汪云、李洋、徐印涵、郑显泽、蔡海亮、樊洋洋、马儒、刘一鸣。

赛前合影

比赛进行时

合影留念

新闻：我校龙舟队再获佳绩

3. 安徽省龙舟公开赛（高校组）（2016年10月20日）

参赛人员： 司友志（教练）、张士龙、荣伟、梁令、韩书雅、李洋、蔡海亮、邹梓成、郑显泽、马啸、徐印涵、樊洋洋、马儒、刘一鸣。

比赛进行时

第二章 百舸争流

颁奖时刻（一等奖）

获奖合影

新闻：我校龙舟队再次斩获安徽省龙舟公开赛（高校组）一等奖

六、2017年

1. "领航蜀山"合肥市端午龙舟赛（2017年5月28日）

2017年5月28日上午，"领航蜀山"合肥市端午龙舟赛在政务新区天鹅湖鸣枪开赛，本次比赛共有29支队伍，约900人参赛，中国科大龙舟队首次代表蜀山区出战合肥市内的龙舟比赛，参加了区县组比赛。本次龙舟赛的比赛项目为500米直道赛，每条龙舟上有22名队员，其中女性桨手不少于4人。最终中国科大龙舟队以预赛划出2分9秒的成绩排名第一，决赛划出2分6秒，以绝对优势获得冠军。

参赛人员：司友志（教练）、刘鹏、荣伟、张士龙、张泽树、陈俊源、李洋、徐志超、何光旭、金成、刘一鸣、骆安、吴林军、邹梓成、韩书雅、樊洋洋、林高华、蔡海亮、郑显泽、汪云、于博洋、安永燕、吴婷欣、刘睿、王亚倩。

赛前训练

赛前训练合影

比赛进行时（一）

比赛进行时（二）

前武汉大学龙舟队队员刘鹏（左一）、骆安（左二）首次代表中国科大龙舟队参赛

代表队合影

队员合影

新闻：我校龙舟队C9高校赛再次夺冠 "领航蜀山"合肥市端午龙舟赛勇夺第一

第二章 百舸争流

2. 中国名校龙舟竞渡（C9高校赛）（2017年5月31日）

参赛人员： 司友志（教练）、于博洋、刘睿、汪云、张泽树、蔡海亮、邹梓成、何光旭、张士龙、安永燕、马儒、王亚倩、郑显泽、樊洋洋。

赛前合影

比赛进行时

颁奖时刻（冠军）

队员合影

新闻：我校龙舟队C9高校赛再次夺冠 "领航蜀山"合肥市端午龙舟赛勇夺第一

3. 铜陵大通古镇邀请赛（2017年6月18日）

这是中国科大龙舟队2017年上半年参加的竞技水平最高的比赛。炽热的阳光下，中国科大龙舟队在长江支流上，划出了500米1分51秒的队史最好成绩。在对手都是职业队员的情况下，中国科大龙舟队获得总成绩第五名。

参赛人员：司友志（教练）、蔡海亮、刘鹏、郑显泽、吴婷欣、安永燕、韩书雅、汪云、邹梓成、陈俊源、李洋、樊洋洋、张泽树、马儒、刘一鸣、丁晨。

队员合影

参赛合影

4. 中国大荔世界名校龙舟赛（2017年6月24日）

2017年6月24日，"青衣故事杯"世界名校龙舟赛在美丽的陕西大荔同州湖破浪起航。2017年中国大荔世界名校龙舟赛规模盛大、阵容豪华，根据国际大学生龙舟联合会的推荐和选拔，有来自哈佛大学、斯坦福大学、多伦多大学、新加坡国立大学、香港大学、香港科技大学、德拉萨大学、威尼斯大学、格但斯克工业大学、澳门城市大学、辅仁大学、中国科学技术大学、北京大学、武汉大学、复旦大学、华中科技大学、南开大学、天津大学、西安交通大学、厦门大学、同济大学、陕西师范大学、渭南师范学院等国内外著名院校的25支名校龙舟队参赛，共有384名运动员参加比赛。这些选手将参加男子、女子、混合200米直道竞速，500米直道竞速及2000米环绕赛。

本场比赛是自建队以来，中国科大龙舟队参加的影响最大的比赛。中国科大龙舟队参加的是竞争最为激烈的男子组，并以200米冠军、500米冠军的骄人成绩一举登上世界名校龙舟舞台。

参赛人员：司友志（教练）、曾文（领队）、汪云、张士龙、蔡海亮、刘一鸣、张泽树、骆安、樊洋洋、金成、郑显泽、荣伟、梁文韬、陈俊源、韩书雅、刘鹏、徐志超、马儒。

比赛进行中

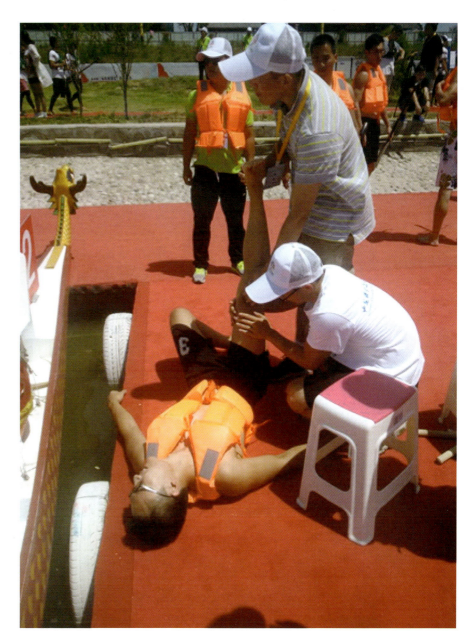

比赛间隙,队友之间相互放松肌肉

200米夺冠后,郑显泽、金成、樊洋洋以"双人旗"姿势庆祝

颁奖时刻(200米、500米冠军,2000米第四,总成绩冠军)

合影留念

晚会时刻,中国科大龙舟队的陈俊源以一首二胡名曲《赛马》向国内外同学展示中华才艺,赢得满堂喝彩。

新闻:中国科大龙舟队载誉而归 勇夺2017年中国大荔世界名校龙舟赛2项冠军

5. 中国黄山国际龙舟公开赛暨第七届黄山市新安江龙舟赛（2017年9月17日）

参赛人员： 司友志（教练）、刘睿、唐丁柯、王彬旭、王甘霖、徐亦尧、徐亦舜、贾顿、曹耘宁、安永燕、Hirra、Sara、梁文韬、裴茗、陈俊源。

比赛进行时

赛后合影

6. 安徽省龙舟公开赛（高校组）（2017年10月22日）

参赛人员： 司友志（教练）、曾文（领队）、刘睿、张士龙、刘一鸣、马儒、梁文韬、邹梓成、骆安、徐志超、吴婷欣、丁晨、唐丁柯、王甘霖、叶进、张家强、裴茗、王彬旭、曹耘宁、马一鸣、陈昕宇、周道洋、陆鸿达、菅朝樑、覃天奕、张莎、林高华。

赛前热身

比赛进行中

颁奖时刻(一等奖)

队员合影

新闻：中国科大龙舟队再次夺得安徽省龙舟公开赛（高校组）冠军

七、2018年

1. 首届国际名校学霸龙舟赛（2018年3月27日）

2018年3月28日，首届国际名校学霸龙舟赛在杭州金沙湖落下了帷幕。中国科大龙舟队在领队曾文老师、教练司友志老师的带领下，取得了200米直道竞速冠军、2000米绕标赛亚军的优异成绩。此次比赛的参赛队伍来自国内外共15所名校，其中包括哈佛大学、牛津大学、麻省理工学院、斯坦福大学、澳门大学、同济大学等。

参赛人员：司友志（教练）、曾文（领队）、骆安、徐亦尧、曹耘宁、陆鸿达、吴婷欣、唐丁柯、叶进、周道洋、徐亦舜、安永燕、陈昕宇、王彬旭。

赛前合影

比赛进行时

队员合影

颁奖时刻（200米冠军、2000米亚军）

新闻：我校龙舟队在首届国际名校学霸龙舟赛上勇创佳绩

2. 中国大荔世界名校龙舟赛（2018年6月10日）

参赛人员： 司友志（教练）、李耿鑫、唐丁柯、裴茗、梁文韬、徐志超、张家强、王彬旭、曹耘宁、周道洋、王甘霖、张泽树、邹梓成、陆鸿达。

赛前训练

队员合影

比赛进行时

080　劈波斩浪　砥砺前行：中国科大龙舟队十周年

颁奖时刻（200米冠军、500米冠军、2000米季军）

队员获奖后合影

新闻：中国科大龙舟队斩获2018年中国大荔世界名校龙舟赛两金一铜

3. "领航蜀山"合肥市端午龙舟赛（2018年6月16日）

参赛人员： 司友志（教练）、吕梦圆、麦贤龙、熊欣、赵芷君、马一鸣、裴茗、张泽树、周道洋、张家强、韩书雅、李耿鑫、冯通、张洲、覃天奕、陆鸿达、安永燕、刘一鸣、吴婷欣、张莎、徐志超、刘时、李缙、骆安、王甘霖、陈朋、马儒、邹梓成、梁文韬、徐亦尧、陈昕宇、菅朝樑、王彬旭、丁晨、向国泉、林高华。

比赛进行时（一）

比赛进行时（二）

颁奖时刻（冠军）

赛后合影

新闻：端午第一枪——中国科大龙舟队卫冕"领航蜀山"合肥市端午龙舟赛冠军

4. 中国名校龙舟竞渡（C9高校赛）（2018年6月17日）

参赛人员： 司友志（教练）、王甘霖、张泽树、陆鸿达、安永燕、赵芷君、徐志超、王彬旭、裴茗、马一鸣、吴婷欣、陈昕宇、梁文韬。

赛前训练（一）

赛前训练（二）

比赛进行时

颁奖（一等奖）后合影

队员合影

新闻：端午第二站——中国科大龙舟队获中国名校龙舟竞渡（C9高校赛）一等奖

5. 安徽省龙舟公开赛（黄山站）（2018年9月28日）

参赛人员： 司友志（教练）、李耿鑫、梁文韬、麦贤龙、陈朋、张士龙、黄成园、王义、潘其、骆安、吕梦圆、王甘霖、王光荣、柴源、王展翅。

赛前会议

比赛进行时

中国科大龙舟队位于第三道

赛后合影

队员合影

6. 安徽省龙舟公开赛（颍上站）（2018年9月30日）

参赛人员： 司友志（教练）、李耿鑫、邹维、麦贤龙、王甘霖、陈朋、李俊毅、黄成园、王义、吕梦圆、王浩臣、张士龙、丁晨、柴源、朱康来。

比赛进行时

中国科大龙舟队位于第一道

两位领桨手合影

队员合影

7. 安徽省龙舟公开赛（高校组）（紫蓬山站）（2018年10月14日）

参赛人员：司友志（教练）、麦贤龙、陈朋、邹梓成、叶进、李俊毅、黄成园、骆安、梁文韬、丁晨、朱康来、王浩臣、马一鸣、柴源、李耿鑫、邹维。

赛前训练

比赛进行时（一）

比赛进行时（二）

比赛进行时（三）

队员们与道德风尚奖证书合影

新闻：中国科大龙舟队从"新"出发

第二章 百舸争流

8. 五大连池C9冰上龙舟赛（2018年12月22日）

　　8名中国科大龙舟队队员在司友志教练的带领下，赴黑河市五大连池风景区参加五大连池C9冰上龙舟赛。本次比赛，开创了中国科大龙舟队诸多第一次：第一次在东北比赛，第一次划冰上龙舟，第一次有3名队员首次参加比赛。对科大的队员们来说，气温成了最大的挑战，在刺骨的寒风下，中国科大龙舟队发扬顽强拼搏的精神，在冰雪中咬牙奋战，最终荣获一等奖。

参赛人员：司友志（教练）、黄成园、丁鹏程、麦贤龙、丁晨、王义、王润泽、刘杰、吴为岂。

比赛进行时

合影留念

冰上秀肌肉

新闻：中国科大龙舟队征战
五大连池C9冰上龙舟赛

八、2019年

1. 安徽省龙舟公开赛（肥西站）（2019年3月8日）

参赛人员： 司友志（教练）、黄成园、邹维、吕梦圆、徐志超、麦贤龙、丁晨、王甘霖、徐亦舜、裴茗、陈朋、王光荣、王义、朱康来、李耿鑫。

队员合影

颁奖后合影

新闻：中国科大龙舟队获得安徽省龙舟公开赛（肥西站）一等奖

2. 安徽省高校龙舟赛（砀山站）（2019年4月14日）

参赛人员：司友志（教练）、黄成园、邹维、丁晨、王甘霖、陈朋、柴源、王毅龙、王光荣、冯通、马一鸣、王凯、朱康来、丁鹏程、李占科、靳琛垚。

比赛进行时

赛前队员们互相打气

500米途中的中国科大龙舟队

颁奖时刻

新闻:"龙腾古黄河,舟游新梨都"——记中国科大龙舟队出征安徽省高校龙舟赛(砀山站)

3. "领航蜀山"合肥市端午龙舟赛（2019年6月2日）

参赛队员： 司友志（教练）、骆安、林高华、刘一鸣、王甘霖、陈俊源、徐志超、麦贤龙、陈朋、丁晨、唐丁柯、吕梦圆、靳琛垚、裴茗、徐亦舜、徐亦尧、安永燕、徐辰、吴婷欣、马一鸣、丁鹏程、王润泽、李耿鑫、梁文韬、冯通、曹耘宁、柴源、廖亮、李占科、刘杰、吴为岂、肖庆、冯琰楠、郑建文、哈梦可、邹维等。

赛前热身

比赛进行时（一）

比赛进行时（二）

赛后合影

新闻:遗憾中带着美好——记2019年"领航蜀山"合肥市端午龙舟赛

4. 中国名校龙舟竞渡（C9高校赛）（2019年6月7日）

参赛队员： 司友志（教练）、李耿鑫、梁文韬、吕梦圆、王甘霖、陈朋、靳琛垚、丁晨、裴茗、安永燕、Sara、徐辰、Amara。

赛前合影（一）

赛前合影（二）

比赛进行时（一）

比赛进行时（二）

颁奖时刻（一等奖）（右三为中国科大龙舟队队员）

新闻：端午竞渡——中国科大龙舟队再创佳绩

5. 贵州遵义世界名校龙舟赛（2019年10月13日）

参赛队员： 司友志（教练）、黄成园、邹维、麦贤龙、樊洋洋、徐亦舜、郑建文、刘杰、骆安、王梦蝶、柴源、王光荣、冯琰楠、丁鹏程、徐志超。

赛前热身

比赛进行时

赛后合影

队员英姿

新闻：中国科大龙舟队征战
贵州遵义世界名校龙舟赛

6. 安徽省龙舟公开赛（黄山站）（2019年10月19日）

参赛人员： 司友志（教练）、黄成园、邹维、徐志超、樊洋洋、陈朋、柴源、唐丁柯、徐亦尧、王梦蝶、梁文韬、李占科、王瑞标、冯琰楠、王硕。

赛前训练

比赛进行时

颁奖时刻（一等奖）

新闻：我校龙舟队夺得安徽省龙舟公开赛（黄山站）一等奖

九、2020年

1. 合肥市运动会龙舟比赛（2020年10月8日）

参赛人员： 司友志（教练）、樊洋洋、徐志超、梁文韬、王光荣、麦贤龙、刘一鸣、王硕、裴茗、丁子豪、柴源、陈朋、黎雷、蒋朋岑、郑晓萱、黄成园、肖庆、刘佳妮、哈梦可、冯琰楠、王浩臣、杜智博、于涵之、裴宇翔、吴为岂、何正清、张岩松、覃天奕。

赛前训练

比赛进行时（一）

比赛进行时（二）

2. 安徽省高校龙舟赛（2020年11月21日）

参赛人员： 司友志（教练）、樊洋洋、蒋谟东、麦贤龙、丁子豪、黎雷、邹维、覃天奕、丁鹏程、刘一鸣、柴源、于涵之、冯琰楠、刘嘉锡、王光荣、唐丁柯、周涛、肖庆、黄成园、郑晓萱、刘佳妮、刘慧、刘子菲、马一鸣、哈梦可、裴宇翔、刘润昕、付姝琪、蒋朋岑。

赛前训练（一）

赛前训练（二）

比赛进行时

颁奖时刻

新闻：我校龙舟队夺得安徽省高校龙舟赛一等奖

十、2021年

1. 中国名校水上运动公开赛（2021年6月5日）

参赛人员：司友志（教练）、黄麒、邹维、麦贤龙、徐志超、樊洋洋、蒋谟东、郑晓萱、曾嘉轩、宋曼、朱佳雯、韩书雅、吴婷欣。

赛前训练

表演排练

比赛进行时（一）

比赛进行时(二)

比赛进行时(三)

比赛进行时（四）

队员英姿

颁奖时刻（一等奖）

晚会表演

晚会合影

合影留念

队员合影

新闻：我校龙舟队夺得2021年中国名校水上运动公开赛一等奖

2. 安徽省龙舟公开赛（亳州站）（2021年7月4日）

参赛人员：司友志（教练）、麦贤龙、曾嘉轩、丁子豪、黄麒、蒋谟东、唐丁柯、邹维、徐志超、裴茗、刘杰、徐亦尧、张枫吟、曹浩东、缪阳洋、黎雷、樊洋洋、王瑞标、李占科、王硕、金成、李训普、金源、汪伟、代波、吴林军、周超、骆安、王义、梁文韬、宋曼。

赛前训练

赛前合影

颁奖时刻（龙头奖）

新闻：我校龙舟队夺得2021年安徽省龙舟公开赛（亳州站）龙头奖

3. 山东聊城第九届全国大学生龙舟锦标赛（2021年7月23日）

全国大学生龙舟锦标赛是由中国大学生体育协会主办的国家级体育赛事，每年会邀请国内C9名校、985高校以及专业的大学龙舟体育生队参赛，角逐出中国大学生龙舟队的王者。这场比赛是中国科大龙舟队参加过的最高水平的大学生龙舟比赛。

参赛队员： 司友志（教练）、蒋谟东、徐志超、樊洋洋、裴茗、缪阳洋、刘杰、邹维、郑晓萱、张枫吟、冯琰楠、曾奕臻、丁子豪、黄麒。

赛前训练

高强度的虎山集训

比赛进行时（直播画面）

颁奖时刻

4. 合肥市全民健身运动会龙舟比赛（2021年10月10日）

参赛队员： 司友志（教练）、蒋谟东、曾奕臻、麦贤龙、丁子豪、徐志超、张枫吟、刘一鸣、缪阳洋、黎雷、樊洋洋、王瑞标、李占科、金成、骆安、于涵之、周涛、司友志、易若龙、刘永铮、姚昆仑、郑晓萱、朱佳雯、梁梦雪、闫卓然、蒋朋岑、黄麒、杨凯云。

赛前训练

比赛进行时（一）

比赛进行时（二）

颁奖（冠军）后合影

新闻：我校龙舟队勇夺
合肥市全民健身运动会
龙舟比赛冠军

5. 安徽省龙舟公开赛（黄山站）（2021年10月23日）

参赛人员： 司友志（教练）、蒋谟东、樊洋洋、麦贤龙、徐志超、盛霆锋、缪阳洋、杨凯云、于涵之、曾奕臻、丁子豪、周涛、骆安、黄麒、姚昆仑、刘永铮、易若龙、张枫吟、郑晓萱、梁梦雪、朱佳雯、汪俊辰、蒋朋岑、闫卓然、曹浩东、邹维、肖庆。

赛前合影

比赛进行时（一）

比赛进行时（二）

巨大的夺冠优势让大家兴奋不已

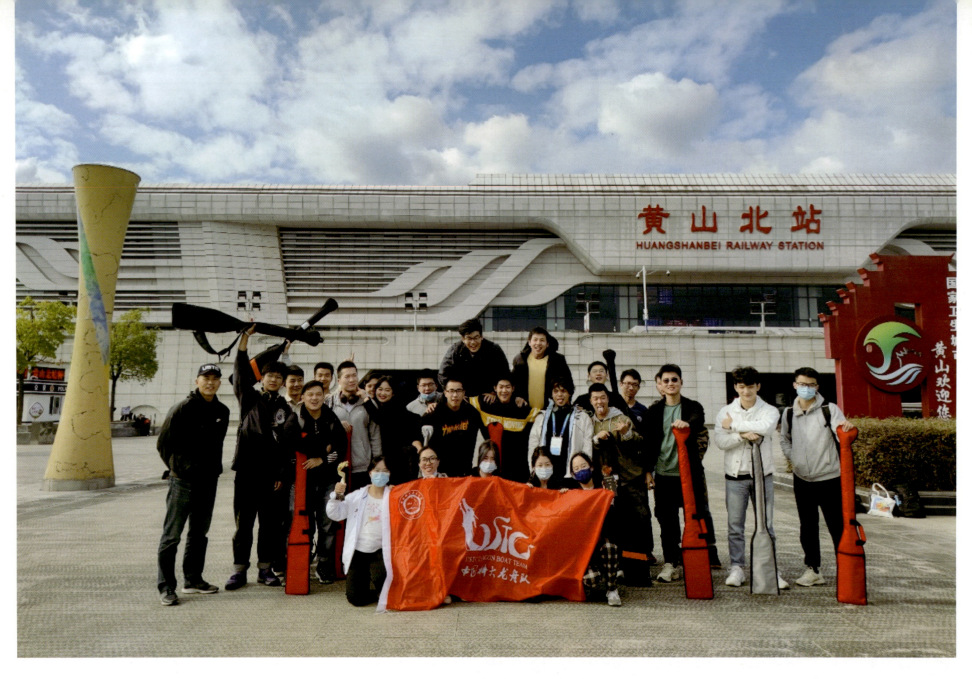

颁奖(一等奖)后合影

新闻：校龙舟队喜获安徽省龙舟公开赛（黄山站）4项一等奖

第三章

推而广之

一、学生团体逐步壮大（龙舟协会）

为扩大龙舟运动在学校的影响，在司友志老师的带领下，经过合规的程序，学生龙舟协会于2017年6月成立。龙舟协会的主要工作是在全校师生、海内外校友中推广龙舟运动，发扬龙舟精神。

在建立初期，龙舟协会只是一个二星社团，活动少、组织弱、受众小。在几任龙舟队队员兼任龙舟协会会长期间，龙舟协会充分借鉴了中国科大龙舟队在活动筹备、组织建设、文化宣传等方面的经验，提升了龙舟运动在校内的知名度和参与度。在庆祝祖国七十华诞和党的百年诞辰之时，先后举办了两届校园师生龙舟赛。此外，龙舟协会以龙舟运动为纽带，借助健身社的组织力量举办比赛，组织创建舞龙队，丰富了校园体育文化，逐步升级为五星社团。

龙舟协会五星社团答辩现场

世界冠军魏乐老师与中国科大龙舟队队员进行交流

二月二"龙抬头"

二、校园龙舟赛

校园龙舟赛不仅是科大校园龙舟文化推广的载体,还是中国科大龙舟队和龙舟协会共同打造的中国科大校园的体育名片。

1. 第一届校园龙舟赛

2019年10月27日,庆祝祖国七十华诞民族国际师生联谊暨中科大首届"华米杯"校园龙舟赛在安徽省水上运动管理中心成功举办。首届校园龙舟赛是中国科大龙舟队和龙舟协会作为独立主体首次举办的大型赛事,队内骨干积累了宝贵的经验,也使龙舟运动在校内的影响力进一步扩大。

比赛进行时

赛后合影

2. 第二届校园龙舟赛

2021年5月9日下午，中国科大庆祝党百年华诞暨第二届"华米杯"校园龙舟赛在紫蓬山安徽省水上运动管理中心圆满举办。与第一届比赛相比，本次比赛规模更大、组织更完备、校园影响力更广，共吸引了25支队伍参加，其中包括2支教职工队伍和1支留学生队伍，参赛人数达300余人。

比赛大合影

比赛进行时（一）

比赛进行时（二）

三、舞龙队

龙舟协会在2019年初创立了舞龙队。与划龙舟一样，舞龙也是中华传统文化中非常亮眼的一部分。

舞龙合影

在舞龙队成立之初，大家跟着安徽农业大学的专业老师努力学习，打下了不错的基础。

舞龙队训练

之后，舞龙队陆续参加校运会开幕式、樱花节以及中外文化交流节，成为校园内各种文艺活动的常客，也是校园内一道独特的风景线。

舞龙队参加活动

舞龙队表演

四、教职工队伍、留学生队伍和女队

1. 教职工队伍

2019年，中国科学技术大学教职工龙舟队为参加中国科学院在厦门举办的"风雨同舟七十载，百舸争流创辉煌"职工龙舟赛而组建，由体育教学部司友志老师担任教练，并选拔了20名来自不同岗位的教职工成为队员。

教职工龙舟队参加比赛

赛前，大家利用下班和周末时间，不畏烈日和风雨，积极训练备战。赛场上，大家齐心协力、奋勇拼搏，最终以绝对优势从22支队伍中脱颖而出，勇夺桂冠，展现了我校教职工追求卓越、勇争一流的精神风貌。

参赛人员： 司友志（教练、队员）、吴玉椿、林高华、邢学军、李训普、李永胜、金源、汪伟、吴成林、崔海兵、唐莉、李春生、江贤民、白雪丽、徐俊梅、李子然、胡超、冯梅、周兆春、苏兆峰。

教职工龙舟队获奖后合影

新闻：我校勇夺中国科学院职工龙舟赛冠军

教职工龙舟队还与部分学生一起参加了2021年安徽省全运会龙舟选拔赛，并一举夺得龙头奖。

参赛人员： 金成、李训普、金源、汪伟、代波、吴林军、周超。

教职工龙舟队合影

此外，教职工龙舟队还连续参加了两年校园龙舟赛，均取得了第一名的优异成绩。

新闻：我校龙舟队夺得2021年安徽省全运会龙舟选拔赛龙头奖

2. 留学生队伍

留学生龙舟队成立于2018年4月，参加过黄山、阜阳颍上、合肥天鹅湖3场比赛。

留学生龙舟队合影

尽管留学生活和学业繁忙，留学生在2018—2019年赛季依然可以保持一周3次的水上训练。

留学生龙舟队训练

对于留学生来说，龙舟运动不仅强健了他们的体魄，更让他们了解、学习了中国的传统文化。

3. 女队

在中国科学技术大学这样一所男女比例悬殊的理工科大学，十年来，中国科大龙舟队也吸引了几十名女队员参与到这项运动中来。她们巾帼不让须眉，与男队员们一起刻苦训练，参加比赛，也创下了数不清的荣耀与成绩。

2020年安徽省高校龙舟赛，中国科大龙舟队派出了一整条都是女划手的龙舟参赛

五、媒体聚焦

十年来，中国科大龙舟队成绩斐然、荣誉无数，几乎每场比赛都被学校官网专题报道，其中，更有不少比赛得到了新浪网、凤凰网等国内知名媒体的报道。

凤凰網安徽 ah.ifeng.com 安徽 > 资讯 > 正文

二月二龙抬头 安徽高校学子赛龙舟

2019年03月09日 07:10
来源：中安在线 0人参与 0评论

原标题：二月二龙抬头安徽高校学子赛龙舟

龙抬头，赛龙舟。3月8日，正值农历二月二，安徽省第六届高校龙舟公开赛（肥西站）在安徽水上运动训练基地举行。来自中国科学技术大学等12所高校的近两百名运动员和教练员参加了比赛。

凤凰网报道

sina 新闻中心 综合 > 正文

中国科大龙舟队斩获2018世界名校龙舟赛两金一铜

2018年06月12日 19:41 中国科学技术大学

原标题：中国科大龙舟队斩获2018世界名校龙舟赛两金一铜

2018年中国大荔世界名校龙舟赛在陕西大荔举行，中国科学技术大学龙舟队在领队曾文老师、教练司友志老师的带领下，取得男子组500米直道竞速、男子组200米直道竞速冠军和男子组2000米绕标赛第三名的好成绩。

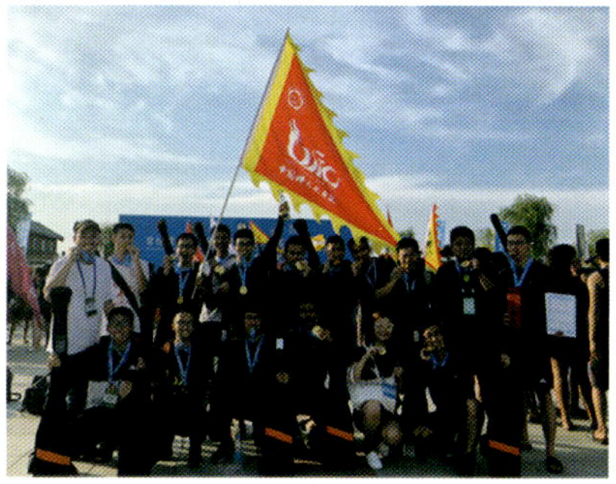

新浪网报道

六、十周年系列活动

1. 中国科大龙舟队队员与包信和校长合影

2022年是中国科大龙舟队成立十周年。2022年5月6日，包信和校长在郭沫若广场亲切慰问中国科大龙舟队全体队员，与教练司友志老师以及队员们进行了细致的交流。中国科学技术大学党委常委、副校长周丛照，学生工作部（处）长李峰，体育教学中心主任曾文陪同。

包校长详细询问了龙舟队二里河训练基地与稻香楼训练基地的建设情况，对队员们在狭窄的二里河训练基地刻苦训练给予了充分肯定。他指出，要尽快将稻香楼训练基地建设完善，以便队员们早日开始训练。他仔细了解了龙舟队目前的比赛情况，勉励队员们在新的赛季刻苦训练，再创辉煌，为学校争取更多荣誉！

队员们备受鼓舞，深感学校的关心与温暖，纷纷表示，将牢记包校长嘱托，精心组织训练，不断增强水上与陆上体能，积极备战比赛，不断追求卓越，在新的赛季取得更加优异的成绩。

新闻：包信和校长慰问中国科大龙舟队

中国科大龙舟队队员与包信和校长合影

2. 端午节队内皮划艇赛

2022年6月5日端午节,因为疫情,中国科大龙舟队未能像往年一样出去参加比赛。但是司友志老师和将近40名龙舟队队员自发组织开展了这场端午校园水上运动盛会,同样为这次端午节增添了无限的乐趣,留下了满满的回忆。

赛前合影

单人皮划艇

双人皮划艇

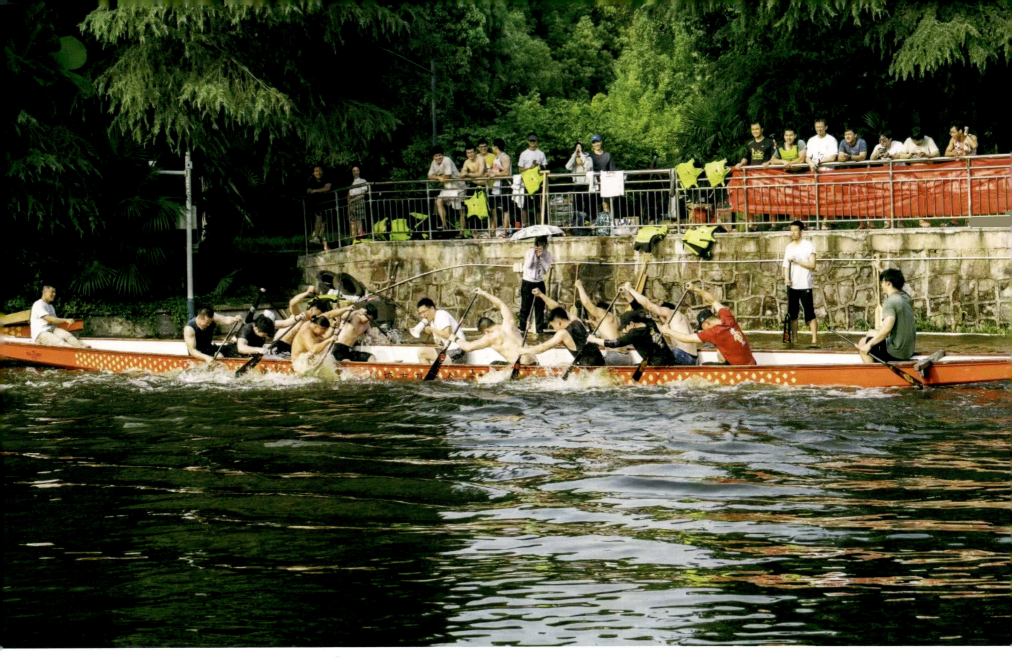

水花四溅的比赛

新闻：中国科大龙舟队十周年系列活动之首届端午校园水上运动节

3. 中国科大龙舟队十周年照片展

中国科大龙舟队始建于2012年，十年来，一批批队员凭借勇攀高峰的科大精神，刻苦训练，多次为学校赢得荣誉。值此十周年之际，中国科大龙舟队举办了十周年照片展，用照片讲述十年故事、回味美好青春、留下精彩回忆。线下展览时间为2022年6月13日至6月19日，地点为中国科学技术大学东区学生活动中心广场（东活广场）、西区学生活动中心广场及中区体育馆通道。

中国科大龙舟队十周年照片展

2022年6月13日上午10点，中国科大龙舟队十周年照片展顺利开幕。中国科学技术大学党委常委、副校长周丛照出席开幕式并讲话，学生工作部（处）长李峰、中国科大教育基金会秘书长周宇、校团委书记杨晓果、本科生院办公室副主任王童、体育教学中心主任曾文、本科生院直属党支部书记王永、中国科大龙舟队教练司友志和20余名龙舟队队员参加了开幕式。

开幕式合影

周丛照副校长致辞

龙舟队队长与教练发表讲话

周丛照副校长与大家一同观展交流

新闻：中国科大龙舟队十周年
照片展在东活广场举行

4. 中国科大第一届校园水陆"趣味三项"挑战赛

2022年6月19日，中国科大龙舟队十周年系列活动之"中国科大第一届校园水陆'趣味三项'挑战赛"在科大西区成功举办。

本科生院办公室主任、教务处处长曾长淦，校团委书记杨晓果，国家同步辐射实验室及核科学技术学院分团委书记邱友凤，体育教学中心主任曾文参加了比赛开幕式，开幕式由本科生院办公室副主任王童主持。

开幕式

此次"趣味三项"挑战赛是中国科大龙舟队在十周年之际，第一次面向全校师生发展、推广龙舟以外的水上运动项目。此次活动旨在充实全校师生的课余生活，丰富科大水上运动项目种类，让科大师生们体会到户外运动的乐趣。

皮划艇项目

自行车项目

新闻：中国科大第一届校园水陆"趣味三项"挑战赛成功举办

跑步项目

第三章 推而广之 169

第四章

感慨系之

一、领队、教练寄语

1. 曾文领队寄语

2012年,为了与C9高校在西子湖畔进行一场龙舟竞渡对决,当时的体育教学部决定组建我校学生龙舟代表队。

因为没有专业的教练,当年很年轻的司友志老师担起了组队训练的任务。由于没有训练场地,我和司老师驱车近50千米,跑到三河古镇,落实训练事宜。

领队曾文

在镇长的推荐下,我们结识了当地从事龙舟运动多年的高尔金同志,他很热心,帮我们租借训练场地,积极指导我们的训练工作,在他的帮助下,我们的第一个龙舟训练基地诞生了。

对于这次比赛的成绩,我们心里确实没底,为了不给科大丢脸,司教练每周两次带领队员们来到镇上,进行一整天的艰苦训练。正值初夏,经常会遇到炎热天气,在烈日下,队员们练得很辛苦。记得当年我陪同校友总会郭胜利秘书长、教务处汤家骏副处长以及学校督导组周先稠教授一同前往现场看望队员们,他们认真刻苦的训练状态给大家留下了深刻的印象。

付出总会有回报,首次出征,即一举夺冠。从此,中国科大龙舟队开启了挥桨竞渡、驰骋江湖的荣光时刻。

由于学校地处江淮分水岭,校内没有合适的训练场地,需要在周边寻找适宜的训练地点,但由于各种原因,训练场所多次易地。分别经历了三河基地、琥珀潭基地、安徽省水上运动管理中心基地、稻香楼基地和匡河基地等。可见训练条件并不理想,但我们并没有退缩与放弃,队员们的训练能力也一直在不断提高。其间,中国科大龙舟队得到了合肥市龙舟运动协会朱道发会长以及安徽省水上运动管理中心的专业教练们的悉心指导和帮助,我们的教练司友志老师也因此迅速成长为一名优秀的专业教练。

十年的历程,中国科大龙舟队作为一个集体和团队,一直在砥砺前行,队内不断变化的是一张张年轻的面孔,但传承和沉淀下来的是精诚团结、吃苦耐劳的专业精神。

随着参加国内各项赛事,并屡创佳绩,中国科大龙舟队在学校以及社会上的影响力也越来越大,学校给予的各项支持也越来越多,教练和队员们也相应获得了许多荣誉与奖励。

感谢中国科大校友基金会十年的陪伴与支持。

2. 司友志教练寄语

2015年的时候，我就和葛浩森说，等中国科大龙舟队十周年时要办一系列纪念活动，还要把老队员们都邀请回来，看看十年间中国科大龙舟队比过的赛、得过的奖，大家再一起划一次龙舟、聚一次首。只可惜疫情使然，重聚已难成行，但纪念活动正按部就班地进行。出版这本书是活动中的重要一环，用照片记录过去的青春，借照片讲述十年的故事，品照片里的精彩与永恒。

这些天陆陆续续看到队员们在群里的留言和发来的照片，庆幸当初一件不经意的小事，经过十年的努力与坚守，小事已成了大事，小群已成了大家。回首十年，从白手起家到满载荣誉，从名不见经传到举校皆知，从十几人的小队伍到上百人的大家庭，从三河古镇到稻香楼，从杭州西溪湿地到大荔、遵义，一切看似一帆风顺，却实实在在历经坎坷。十年，我们在科大这座体育永远赶不上科研的象牙塔下，培养了一批批强壮又坚毅的科大龙舟人。感谢学校十年来对龙舟队的关心、支持和帮助；感谢十年来关注过中国科大龙舟队、帮助过中国科大龙舟队、陪我们一起成长的各界人士；感谢在我而立之年，精力充沛之际与龙舟不期而遇，擦出美妙的火花；最感谢队员们，是你们的汗水、激情和努力，让这项运动在科大绽放了青春的活力。

"誉之所至，谤亦随之"。十年里，有过成功，也有过失败；有优点长处，亦有不足短板；有过披荆斩棘，也有过遗憾；希望已经离开队伍的、现在还在队伍里的、以后加入队伍的所有中国科大龙舟队的队员们都能保持龙舟队优良的品质和传统，不骄不躁，把我们一起建立起来的龙舟大家庭发展得更快、更强、更团结。

教练司友志

二、队员感悟

1. 王海清

我来自江西的一个小山村，赣江的一条支流从村前蜿蜒流过，小时候每到端午节，最开心的事就是和小伙伴们相约一起跑到集市的大桥上看龙舟赛。彼时，村里流传着各种关于龙舟的故事，其中一个就是造龙舟所需的木料最好是偷来的，寓意着跑得快！为此，我村沿河的几棵大杨柳树就被下游的一个胡姓村庄的人偷去造了龙舟。

从小，我就一直梦想着能划一回龙舟，奈何村子太小，凑不齐一条龙舟所需的人，故而也只能停留在梦想阶段。万万没想到，这个梦想能在临近毕业的时候在中国科大得以实现。

还记得那是2012年5月初的某一天晚上，我在当时人称"照哥"（也就是现在的周校长）的实验室工作到11点，该收拾东西回宿舍了，临走前例行看了一下BBS，在首页赫然看到中国科大龙舟队招募队员的通知，顿时来了精神，用颤抖的双手发完报名邮件之后，立马飞奔回宿舍通知别人，先通知了韩书雅，又通知了陈雷。然后我们就一起顺利愉快地成为了中国科大龙舟队的创队队员，后来听说司老师在选拔的过程中一度想把我刷掉，真得感谢司老师手下留情。

2012年，中国科大龙舟队是要跑到三河古镇训练的，那是一段累且欢乐的时光，留下了很多美好的回忆，比如训练之余在河水中游泳嬉戏，比如琦哥改编自《闯码头》的《我们都是福建人》，时至今日，走在深圳街头听到《闯码头》的时候，还是恍如隔日，备感亲切。

2012年我们只参加了杭州西溪湿地的C9高校赛，一开始我们并未抱太高的期望，毕竟是第一次参赛，而且清华大学、北京大学等高校派出的还是一个个人高马大的体育特长生。

比赛过程还挺惊心动魄的，发令枪一响，咱一马当先，然而在第一个弯道，我们的船尾被落在后面的北京大学的"重型"龙舟的船头冲撞，几乎被顶停船，旁边的浙江大学趁机反超，北京大学的龙舟则自己在原地转了一圈。当然我们并没有放弃，奋起直追，最后以领先浙江大学一个多船身的绝对优势夺得冠军。夺冠的那一刻，我感到前所未有的兴奋，那一瞬间还被摄影师拍了下来刊登在了第二天的《杭州日报》头版，遗憾的是，我没有收藏那份报纸。

光阴似箭，一转眼都已经毕业十年了。回首往事，这十年中似乎并没有留下像中国科大龙舟队这般特别精彩的回忆。感谢中国科大龙舟队，圆了我儿时的梦想，给我的青春留下一个精彩的结尾，但愿还能有机会再为科大提桨冲锋！

2. 韩书雅

队员王海清

2012年5月的某日，我正苦苦思索如何给苍白而又平淡的四年本科生涯画上一个难忘的句号，王海清兴冲冲地跑来告诉我："学校在组建龙舟队，BBS上发通知了！我从小就梦想划龙舟，没想到毕业前刚好有机会！你跟我一起去报名！"容不得我有半点推脱。

海清那时候主要是个骑摄手，基本不接触别的运动，成天就知道摆弄他的单车和单反，所以他很担心司老师选拔的时候把他刷掉。不过以我对他的了解，他划龙舟应该会是一把好手，毕竟是胆敢选择隆冬时节骑行半个月去东北的江西老表。从未接触过健身运动的海清，训练半年后深蹲可达210千克（虽然用了史密斯架），荣获"钢腔"称号。选拔那天我们去了东区操场才发现自己实在是多虑了：一条船10个人都凑不齐还怎么刷人？女生三缺一，男生经过一两次操场训练之后也没剩几个了。海清比司老师还急，儿时以来的龙舟梦岂不要因此破灭？

幸亏我们班的一位女侠也从BBS获悉此事，立马结束了在中国科学院生物物理所的毕业设计，从北京赶回了合肥。"有了杨凯婷，女生这边就稳了。"说这话时我的脑海里浮现出她某次游泳战胜我的场面。我们龙舟队第一版的标志就是凯婷设计的，虽然当时设计的元素不够简洁，但她用龙形构成"USTC"的创意一直在指导我们完善新的标志。

男生这边缺划手，还能有啥合适的人选么？我和海清不约而同地想到了同班的陈雷。雷子和凯婷一样，也是吉林人。雷子就是典型的"人狠话不多"，甚至比海清更能诠释"不要命的上科大"这句话。篮球场上摔破了头，他满脸鲜血还运着球继续突破："没事儿，流这点儿血不影响。"报名厦门半程马拉松，他从没练过长跑，赛前我们还在鼓浪屿暴走了2天，就这样他都能跑进1小时30分，而我却因为腿疼而放弃了……我

队员韩书雅

们一行5人去武功山徒步，为了让唯一的女生轻装上阵，我们分担了行李，每人背着至少50斤的装备，却在2天内走完了别人3天的脚程。第二天夜里从羊狮幕走石阶下山的时候，我彻底崩溃了，雷子一路骂着把我赶下了山。我问他："第一次玩户外的他为何这么厉害？"雷子非常不屑地说："我小时候放牛追着牲口漫山遍野跑，走路算个啥？"

就在那年，这个奔跑在长白山下的放牛娃，收到了达特茅斯学院的录取通知书，于是更加放飞了。我们3人组队去神农架露营，组队骑车去扬州跑马拉松，所以他对我们组队赛龙舟的提议，自然没有二话。

那年总算凑齐了10人，包括鼓手、备用舵手，之后就是一车拉到三河古镇跟着老农们训练了。因为上船的机会不多，所以每次都是从早上练到傍晚，倒也省了不少午饭钱。如此三河深度游，羡煞不少游客，岸上桥头总少不了拍照的人。当地还举办了各村之间的传统龙舟赛，我们六男四女划着相同的木质大龙舟追着人家满员20人的农民队，居然不落下风。

端午节抵达杭州时，我们一行人黑不溜秋地走进富丽堂皇的酒店大堂不知所措，只好站在一旁；周围往来着其他学校的队员们，他们从容自信、威武豪迈、谈笑风生，散发着经常出入星级酒店的高端气质。尤其当我仰着头看到清华大学、北京大学的女生们一个个从面前经过时，心中仅仅想着打道回府。不过晚饭的三文鱼打消了我这个念头。

比赛日，起点处，浙江大学、北京大学、中国科学技术大学同组，大家互相笑谈："河道这么窄，你们别撞到我们啦！""我们第一次上船，你们悠着点呗！""冠军肯定留给东道主，我们友谊第一！"赛场内外洋溢着欢快的气氛。这时浙江大学的鼓手向队员说道："到时候就算桨插到他们的肉里，你们也要插下去！"气氛一度十分尴尬。我默默冷笑："这个鼓手根本不知道他触怒了什么人。"

发令枪响，北京大学的龙头立刻撞到了我们的船尾，我们双双停了下来。满心以为比赛会中止，但浙江大学还是越跑越远，也没有哨声响起。只听得陈雷大喝一声："追！"

中国科大龙舟队，飞天。

3. 林高华

早年间老A游历桂林山水，仿佛命中注定一般，偶遇了家住河边的老C。家乡逢故知的老C热情地撑起3只竹筏招呼老A，而老A看着跟自己并不熟的老C陷入深思：刚成立的龙舟队正需要这种脚踏3条船的人才。

——摘自微信公众号"USTC龙舟"文章《南七的江湖儿女》

我就是文章中提到的老C，一个成长于阳朔遇龙河河畔的广西农村娃，从小除了学习，就是在河塘里捉鱼、抓虾、撑竹筏，或者在田埂间插秧、挑水、拉板车，一切都那么平淡无奇、和谐自然。直到2009年考入中国科学技术大学，才知自己曾生活在许多人向往的山水仙境，而儿时的经历或许也注定了我与中国科大龙舟队的不解之缘。

2012年，中国科大龙舟队初创之时，我还是一个交际圈局限于班级、老乡，偶尔参加一些长跑活动，在跑圈里混个脸熟的工科宅男，并不知道招募信息，遗憾没能成为创队队员。2013年的某一天偶然看到BBS上校龙舟队的招募信息，我怀着试一试的心态给司友志教练的邮箱发送了报名邮件，或许是因为在遇龙河景区筏工的经历，我如愿通过了体能、速度、节奏、水感层层选拔。作为一个新人，最大的感受就是怕拖了队伍的后腿，时常担心自己成为船上最弱的

队员林高华

一环,特别是由于体重轻,我一直划左领桨,看不到后面队友的状态,所以只能每一趟、每一桨都拼尽全力做到最好。在这种强烈的集体荣誉感驱使下,秉承着"不要命的上科大"的精神,每一个队员都非常认真刻苦,晒黑了一大圈。最终,我们顺利在2013年杭州西溪湿地中国名校龙舟竞渡中卫冕,也证明上一年中国科大龙舟队拿到冠军绝不是偶然。

2014年,我又继续参加了杭州西溪湿地的比赛,以及中国知名高校建德新安江龙舟赛(10千米)、安徽省龙舟公开赛(高校组)等赛事。除了闷头划好每一桨让自己变得更强外,这一年我还承担了更多的统计组织工作,需要思考如何让整条船变得更强。印象最深的一件事是面对前所未有的挑战,在新安江龙舟赛比赛的前一天,我自己沿河认真走了一趟,尽量记下哪里水急哪里水缓,哪里该加桨频哪里要拉大桨。最终我们完美发挥,以巨大的优势取得了冠军。终点码头上鼓手吸自己手上磨破的血泡的那一幕,让我更加坚信每一次夺冠都是船上的每一个人倾其所能、共同努力的结果。

而后几年,我逐渐转入幕后做后勤服务工作,开通BBS龙舟版、申办"USTC龙舟"微信公众号、制作招新海报、在也西湖为训练打舵、给晨练队伍做酸奶带西瓜……其间也偶尔参加一些省内的比赛。2018年博士毕业后,我留校参加工作,晨跑时还能碰到在操场晨练的队员们,本以为再也没有机会以队员的身份为科大竞渡争流,结果2019年教职工龙舟队为参加中国科学院举办的"风雨同舟七十载,百舸争流创辉煌"职工龙舟赛而组建,我与中国科大龙舟队再续前缘,并顺利收获在教职工龙舟队的首个冠军奖杯。

与中国科大龙舟队一路走来,我的学习、工作和生活都获益匪浅,队友的陪伴、教练的关心、训练流下的汗水和终点激动的吼声,都是终身难以忘却的美好记忆。我一直觉得中国科大龙舟队是一支勇于拼搏、团结友爱、充满青春活力的运动队,大家在艰苦的训练和激烈的比赛中,练就了高超的技能;塑造了健壮的体魄;结下了真挚的友谊;培养了奋勇争先、追求卓越的开拓精神,坚韧不拔、顽强奋斗的拼搏精神,团结一心、步调一致的协作精神,克服困难、勇攀高峰的无畏担当精神,践行、传承和弘扬了中国科大精神。

目前我根据学校的安排,在贵州六枝挂职开展中央定点帮扶工作,希望顺利完成挂职任务回校后,能够继续为推广龙舟运动、丰富校园体育文化、传播龙舟精神贡献力量。祝愿中国科大龙舟队乘风破浪,再创辉煌!

队员宋国锋

4. 宋国锋

2012年的一个下午,热学课实在听得头晕眼花,听了一半溜了出去。生平从来不锻炼、体重刚过百的我第一次去东区健身房玩,后来便经常去健身房锻炼。

在健身房里总能看到那么几个身形健硕、武力值爆表的人在那里操练,他们每次操练总能吸引一大批同性的围观赞叹:"哇!真牛!瞧瞧这大腿!瞧瞧这腰腹!也不知道咋练的!"咱也不知道他们是谁,也不敢去问,只能偷偷羡慕,然后默默将划船机的重量多加了两格。

后来我们得知那几个人都是龙舟队的,好像叫王琦、王珂、王海清、韩书雅,龙舟赛还打败了其他名校!龙舟队真牛!

2013年年末,听说龙舟队在招人备战2014年的C9高校赛,听说还要选拔,我抱着试试看的态度报了名,从此便与龙舟结缘。所谓选拔也就是大家去健身房练一练力量,教练在旁边观察。虽说是选拔,但教练也没说谁行谁不行,就说大家一起练练看。然后就开始了每周两次的紫蓬山船上训练,不上船的时候就在健身房里练力量、在操场上跑圈练耐力,渐渐地,我练得又黑又硬。

2014年端午,我入选参加C9高校赛,入选好像是水到渠成的事情,因为只要是这半年训练坚持下来的人都入选了！夺冠也似乎是理所当然的事情，因为中国科大龙舟队的队员们最黑最像"民工"！

在龙舟队的收获很多！远不只是获得一系列冠军和为母校夺得荣誉这么简单！在一个优秀的教练带出的优秀队伍里跟优秀的人在一起，总是能学到很多东西！

还记得刚入队的时候我是队里最年轻的，师兄们都很沉稳且博学能干，师姐们都很温柔、善良、可爱，对我都很照顾，这深深地影响了我！在往返紫蓬山的大巴车上，他们将我训练成了掼蛋高手；在船上磨破了手指、磨破了屁股也不吭声，照样能冲2000米……我能在科大坚持十年拿到博士学位也离不开龙舟队前辈们的影响！

最后，非常怀念大家一起闯码头的日子！

5. 刘一鸣

第一次听说中国科大龙舟队是在2012年，源自韩书雅火遍人人网的一篇文章《龙舟赛归来，一点感想》。读着韩队用汗水和血水写成的文字，我仿佛也感受到了训练的艰辛、比赛的激烈，以及最后获得一等奖的激动心情。于是在2014年，随着又一篇韩队的队员招募帖，我便报名参加了龙舟队。自此一直到2022年，我在中国科大龙舟队的时间已有八年，参加了近20场比赛，也成为了队史上参加比赛最多的队员。回首过往，回忆实在太多，剪不断，理还乱。在此只捡一些零碎的片段，谈一谈我心中的龙舟——科大最美的风景。

龙舟之美，在于山水。在科大的日子对于我这样的学渣来说难熬得要命，就像浅滩里住了一万只蛤蟆一样窒息。然而在中国科大龙舟队的日子让我得以"苟延残喘"，不然说不定早退学了。2014年，我第一次参加水上训练，便是到30千米外的紫蓬山，那是我在合肥这么多年觉得最美的地方，开阔的水域，凉爽的江风，落日的余晖，简直美不胜收。2017年去过的官亭林海，则是正儿八经的景区，去训练就像度假一样。比赛的地方就更美了，建德新安江江面雾气弥漫，旁边的队伍都看不清楚，犹如人间仙境一般，令人荷尔蒙喷发。黄山新安江照壁怀古段、铜陵长江、大荔同洲湖也都各有特色，令人流连忘返。

队员刘一鸣

龙舟之美，在于汗水。龙舟这样一项激烈的竞技运动，必然需要辛勤的付出，不然拿不到冠军都对不起那些壮丽的山水。2014年，为了备战新安江10千米的比赛，我们每次都是在紫蓬山划3个来回，拉12千米的大桨，那种感觉真是欲仙欲死。2017年，备战大荔的100米和200米比赛，我们又努力练习起桨，从静止开始划30桨或者40桨，要达到120桨的桨频，随后立刻插桨挡水，待静止后再来一轮。这种训练方式更加令人感到血脉喷张、欲罢不能，每次训练完后，我都躺在码头上久久不能起身，享受着乳酸堆积带来的快感。后来我们从顺德乐从的职业运动员任玉龙那里学到了健身房循环组的训练方法，每个动作做30~40次，把全身都练到，并且限时完成。这种训练更是堪称地狱模式，训练间隙都听不到人讲话，只有喘气声。想想一屋子的猛男一直喘着粗气也确实令人毛骨悚然。

龙舟之美，在于兄弟情。人生是孤独的旅途，能有几个好友已属不易，能找到一群志同道合的兄弟共同拼搏，则更是可遇而不可求。然而在中国科大龙舟队，我遇到了这么一群人，大家心往一处想，劲往一处使，都为龙舟运动在科大的发展贡献自己的一份力量。比赛和训练时咬紧牙关、拼搏努力，轻伤不下火线，这就不必说了，在场下大家也都为中国科大龙舟队添砖加瓦。司老师是我们的老大哥，十年如一日地带领中国科大龙舟队拼搏，每年都为训练基地和参加比赛的事情忙得头痛。韩队的想法是发展整个水上运动，让科大的学子们能够体验到丰富多彩的生活。林队曾经提出，在队内分红蓝队，每周对抗一次，以此提高水平。而我的想法是不断提高技术水平，从2016年开始我便通过看文献、看视频和自我实践，慢慢摸索出更加高效的划桨技术，也推动了几次"技术改革"。而后来的樊队则堪称中国科大龙舟队的外交部部长，先后联系到任玉龙、新会鸿达堂的教练和小蓝虎山的教练，直接带领大家前去学习，整体提高了队伍的技术水平，改进了训练模式和比赛战术。有这样一群兄弟的共同努力，中国科大龙舟队才会蓬勃发展，越战越勇。

只可惜，龙舟再美，终究也只是岸边的风景，我们还是要被时间的滚滚洪流推着不断向前。十年过去了，中国科大龙舟队的老队员们都已经散作满天星，有的去了美国，有的去了北京、上海、广州、深圳、杭州，也有的留在了合肥。我曾经很想爬上岸，一辈子守护这一片美好的风景，然而我只是江里的一粒沙，只能随着波涛浮浮沉沉，不知道自己会被推向哪里。不过对于我们来说，在科大能够领略到这一片风景，多年之后回想起其中的点点滴滴，也足以慰怀了。

最后，祝中国科大龙舟队风景永驻，让更多的科大学子体会到龙舟之美。也祝已经离开的人，能够在人生的旅途中遇到更美的风景。

6. 樊洋洋

在中国科大龙舟队的日子，塑造了我的性格。

队员樊洋洋

时间有些久远，只记得我是2015年的冬天被司老师拉进龙舟队的，那天的情形我还历历在目，后来我常常在想，司老师当时为什么会觉得我能成为龙舟划手，就像我后来常常想刘队（刘一鸣）为什么选了我当队长。我当时只有50公斤，刚开始迈进健身房学着健身，在史密斯架上艰难地做着60公斤的深蹲。2016年上半年，没有一场比赛，没比赛就意味着没有水上训练。而后我因为报名参军，做了眼睛矫正手术，没能参加紫蓬山市运会的训练与比赛。在8月底，我收到了刘队的短信，说9月有场比赛，问我是否有时间参加，这一次我没再错过。除去两年兵役，我在中国科大龙舟队一直待到了2022年，也有幸在这期间，为中国科大龙舟队做了许多事情，这也完全改变了我在科大的生活。

第一次比赛的情况我已经记不太清了，但是第一次训练犹在眼前。当时水上训练要前往紫蓬山，第一次上船，难免力不从心。一趟划下来，小臂已经完全没知觉了（当时动作不行），感觉自己划得不太对，就想向前辈们请教。可惜运气不太好，我刚叫一句"师兄"，正要提出疑问，就被劈脸大喝一声"叫韩队！"，我怯怯地叫了一声，也没敢再问。我就这么认识了韩书雅，第一次发现"人如其名"也不是那么回事。第二次训练间隙，我学机灵了，换了个人问，结果遇到了马啸，对于我提出的训练太累的说法，马啸大吃一惊，说："刚刚有训练吗？我怎么一点感觉都没有？"第二天早上，我没能从床上爬起来，腰好像断了。

后来老队员们都说我比较适合当队长，因为我"要过饭，不要脸"。中国科大龙舟队一直以来都是精英式的团体，我能进队十分偶然，因此我想让更多像我这样的普通学生不再那么偶然。基于此，2017年上半年，在司老师和老队员们的支持下，我在龙舟队进行了很多变革。刘队很早就在构思划桨技术的改革问题，我们在2017年吸纳了武汉大学龙舟队的两位领桨手刘鹏与骆安之后，全面改进了技术与动作；为了吸纳更多普通学生体验水上运动的乐趣，我们成立了龙舟协会，2017年暑假招进来的队员，成为了此后一年的中坚力量；在多次与学校的沟通之后，我们迎来了自己的第一条龙舟，林队将之取名为"耘遥号"。多年以后，大家在回想大学生涯时，可能会想起2017年在也西湖无忧无虑的那个夏天，还有同州湖畔捧起的世界名校赛冠军奖杯。

2019年9月，我退伍返校，才发现中国科大龙舟队已经发生了很大的变化。受刘队的影响，我一直对技术改革十分着迷，并且坚信，中国科大龙舟队必须要向顶尖职业队看齐。2019年，司老师请了魏乐老师来指导，帮我们明确了一些方向，但他带来的职业队的最新技术，当时没人能够理解。直到2021年，在司老师的支持下，我和贤龙去广东新会职业队集训了一周后，偶然翻看当时的会议记录，才发现魏乐老师早已点出了我们的问题。再后来，我偶然认识了虎山的林静伟总教练，协商之后，实现了中国科大龙舟队历史上第一次全队前往职业队集训，后来在学校，兄弟们谈及虎山，总会加一句"真的是最纯粹的狂野与快乐"。

因为中国科大龙舟队的冠军传统，每一任队长好像压力都很大。2017年的春天，我一遍又一遍地问林队、刘队，队伍成绩不好该怎么办，他们耐着性子反复回答。2019年底，压力到了志超这边，所以他总在问做队长应该为队伍留下什么。2020年春季学期因为疫情在家，志超开始考虑新任队长，于是，我们重新梳理了历年队长与队员的特点，就中国科大龙舟队选拔队长和招募队员，形成了具有传承性的选拔标准。后来的中国科大龙舟队建设，除了一段小插曲，又走上了昂扬向上的道路。

我在中国科大龙舟队的时光分为两段：第一段，我被老队员们带着玩，带着笑，带着训练，带着拿冠军；第二段，我算是做好了一点传承。在中国科大龙舟队的时光，充满了狂野奔放、嬉笑怒骂、酣畅淋漓，见惯了队员们的团结互助，才更能理解这份可贵与纯粹。

2022年是中国科大龙舟队成立十周年，十年往往会是一个轮回，中国科大龙舟队新的十年已经开始，定会有源源不断的力量到中流击水，勇立潮头！

忘了说，后来才知道，刘队选了我当队长，是队伍青黄不接，出于无奈；司老师招我进队，是想让我当舵手，万一打不好舵，就让我做鼓手。

7. 徐志超

2016年12月某日，我光着膀子在体教瞎练了一阵子，正要走的时候，"小伙子，练得不错啊，有没有兴趣来龙舟队试试？""我没划过龙舟……"但是听到他亲切的话语，我转念脱口而出："但可以试试看。"就这样，2017年我与樊洋洋（樊队）相识了。

大一的我，方才结束本科阶段第一次期中考试，心里还在纠结，考前周围的同学们都在说："啊，复习不完了……"考试后，在教室门口大家又在讨论哪道题该怎么做，大家都一脸丧气，感觉都快不及格了，可是到了出成绩的时候，真的快不及格的只有我一个，他们的成绩一个比一个高……而高中老师却说："到了大学，就轻松了。"

去体教锻炼的最大动机就是慢慢缓解比高中还严峻的学习压力，这时候心情会好一些。刚进队时，看到研究生、博士生的前任队长们和队员们，总能抽出大把时间去训练，就觉得龙舟队队员都好潇洒，他们刚上大学时又是什么样子的呢？我在课余时间被樊队拉着一起去也西湖划船，晚上还要跑步，周末得花大半天时间去紫蓬山训练，每每想到训练，我的心里总会有不情愿，因为真的很累。回想起来，感谢樊队不厌其烦的督促，每次训练都会问我有没有时间，带我一起训练，要不然我肯定坚持不下来。就这样在第二年的端午，我作为替补队员第一次参加了"领航蜀山"合肥市端午龙舟比赛。其实只有在赛场才能真正地体会到龙舟运动的魅力，激素飙升，全船如一，所向披靡，酣畅淋漓……得了冠军，赛后大家会一起吃顿好的，饭桌上老队员们的趣闻轶事不断，大家被逗得合不拢嘴，这里虽没有"科里科气"，但更真实了。中国科大龙舟队给予了每个队员很强的归属感。许多队员毕业了，哪怕不能上场，也会不远千里给队伍加油鼓劲，只为能再多陪伴中国科大龙舟队片刻……

队员徐志超

到了大二，我便不再是替补了，跟着队伍基本参加了那段时间的所有比赛。现在回头再看看自己当时的技术动作，其实还是个替补的水平……不过好在队友给力，成绩都还不错。秋季学期快结束时，合肥下了大雪，队员们一起在西区操场堆了一位"冰雪公主",十分欢乐。大二第二学期"龙抬头"的前一天,我向队里的一位姑娘表了白,她让我等一晚,给我回复。第二天早晨,给"耘遥号"点睛结束后,我们向大家官宣了在一起的好消息。虽然龙舟队不允许谈恋爱,但龙舟协会会长除外(2018年春季学期,我成为了龙舟协会会长)。大一、大二期间除了樊队,给我更多指导的就是老队长们和邹梓成了,我和他们一起度过了愉悦的青涩时光。大三因为忙于保研,划船被搁置了。

大四我接下了队长一职,个人便不再是思考的主题了。我时常会问自己,我会给队里留下什么?我们的成绩有高峰有低谷,是什么造成了这样的起伏?我想这是今后每一任队长都必须思考的问题。这一年,从部队服役结束的樊队也回来了,尽管两年未划,但单划成绩却依旧是队里前三。恰逢此时,我认识了刘嘉锡,作为武士精英的弟子,关于绝对力量的理论与实践都有十分顶尖的水平,这一套科学的力量训练体系奠定了今后的训练方向。那一年的第一场比赛,我们无缘前三,但引入了绝对力量训练体系,并按照此方式进行队员选拔,那年最后一场安徽省高校龙舟赛(黄山站),我们重新在200米上战胜了由体育特长生组成的合肥师范学院龙舟队,证明了这一体系的有效性。不过,造化弄人,突如其来的疫情,使嘉锡并未能与我在一条船上奋战,嘉锡在力量训练上的指导并未能换来他在龙舟技术上的提高,遗憾!这一年,我们与职业队南海九江的领桨手魏乐进行了更深入的学习交流,进一步肯定了绝对力量的作用,并开始引入海豹划船(卧拉)架。而绝对力量水平是暂时的答案,其终究会走向自我否定的一端,彼时希望队伍能够给出更加深入的答案,到时队伍的竞技水平肯定会再上一层楼!

到了研究生,我因为校区的原因,比赛训练不是那么方便了,但是看到现在队里的各位,便看到了队伍的希望。艰辛的探索,就交给后人了!

感谢中国科大龙舟队,让我认识了这么多有趣的灵魂,收获了如此珍重的情谊。祝愿中国科大龙舟队的下个十年不被你我辜负,愿今后各位能够真心热爱这个集体,愿为生活所累的你我,想起中国科大龙舟队时,嘴角能稍稍上扬!如今,我在中国科大龙舟队已经快六年了,也即将迎来中国科大龙舟队的十周岁。其间有数不清的青春故事,交织着中国科大龙舟队的印记,已然绘成了一幅了不得的画卷,它将会去向何方?让我们拭目以待!

8. 麦贤龙

想当初,正是由于在也西湖湖畔多看了一眼,我就上了这条一直陪伴我至今的龙船。

一开始,每次的训练都异常累人,如今看来不过50桨到头的也西湖航道,那时候能要了我半条命。前两个月每次训练下来,我下背右侧都非常酸(我是划左桨),甚至我的左侧大腿表皮曾一度因为下背的原因持续发麻而没有知觉(本以为是腰椎间盘突出,后检查无恙),这些让我不断怀疑这项运动的科学性。后来,在加强了两腿的支撑力和逐渐学会发力之后,下背的压力才逐渐减缓。2017—2018年,我们长距离训练只能去紫蓬山,于是每周末我们就一起坐大巴从学校出发。因为那时候一周只有一次这样的训练,所以大家都格外珍惜,每次去的人几乎坐满大巴(约有四五十人),很热闹。每次去紫蓬山一练一下午,几乎耗尽我所有的精力,很过瘾,回来就躺着休息。现在回想起来,那时候大家对待训练的态度都非常积极和认真。我那时候最怕被叫到老队员的船上一起训练,因为跟他们训练,每一轮大家都要竭尽全力去划,不拿出十分的专注度与努力是不行的。在每轮训练的休息时间,很少能听到各种玩笑打趣,所有人累到只剩喘息,甚至有人能划哭,那时候训练的高专注度、高强度由此可见。

我相信每个加入龙舟队的人都想来一场轰轰烈烈的比赛。我于2017年10月入队,比较晚,那个学期的比赛刚好全结束了,我想赶紧来一场比赛的想法只能作罢。2018年春季学期,从2月到5月,我们一共迎来了3场比赛,每一场我都非常想参加,于是我开始积极地参加训练。但是那个时候的队员水

队员麦贤龙

平太强了，尧、舜、家强、鸿达、安哥、丁柯等等，我几乎没机会被选去参加比赛。于是我等啊等，在入队8个月后，终于等来了我可以参加的第一场比赛——合肥市天鹅湖比赛，而且那一场比赛我们还拿下了冠军，可以说我开局就是巅峰了。自那以后，随着不少老队员的毕业，我们这些新队员的比赛机会也逐渐多了起来。可惜好景不长，还没高兴多久，我突然发现，之前带我们参加比赛、负责领桨、在比赛中扛大旗的老队员们，好像都毕业离开了，比赛的压力都落在了我们一众新人的头上。我、光荣、梦圆、陈朋、柴源、王义……我们一众入队没多久的新队员成为了2018年下半年比赛的主力。也是从2018年年中开始，队里的训练条件开始变好，我们从暑假开始拥有了稻香楼训练基地，买了新的船（驭远号），再也不用每周花两个小时驱车前往遥远的紫蓬山了。

从2018年到2020年年中，我在队里的时光飞快流逝，其间我参加了不少比赛，也在这几年的训练中快速成长。我的体重从2018年的70公斤涨到了80公斤，后来的比赛我也都不如前几次那么紧张了，我开始慢慢觉得可以从容地调整比赛状态。2020年6月，我接任队长，第一次将队伍发展的责任扛在肩上。动员比赛、组织训练、带队比赛、改进动作，每一项都是我之前当队员的时候感受不到的，这一年我可以说是在学习与再出发的路上，其中要感谢樊队、志超的参谋，柴源、鹏程、嘉锡等对我的帮助。当队长的这一年，也是我幸运的一年，因为队长的"光环"，让我结识了后来我深爱的一位女生，我们在一起的时光，犹如阳光般灿烂温暖，也如花束般热烈绚烂。

从我入队至今，已经四年零七个多月了。中国科大龙舟队给我的感觉就是科大的一朵奇葩，它狂野、不羁、有江湖气息，同时也团结、真诚、互帮互助。在科大这样一所学术氛围浓郁的大学里，需要这样一支充满荷尔蒙的队伍来增强科大年轻人的体魄、毅力，树立勇敢拼搏的品格。在中国科大龙舟队建队十周年之际，我衷心祝愿中国科大龙舟队在下一个十年里，规模能够越发壮大，成绩能够达到新的巅峰！

9. 丁晨

加入中国科大龙舟队还是挺意外的。大一的时候，QQ空间里大家都转发某社团由于缺少女生而不能比赛的"说说"，其言极为慷慨悲壮。彼时闻之，颇有点骗妹子加入的味道。钦佩之余，想到我既是一个汉子，就不给人家添麻烦了，后来也没再关注。大二下学期，国防生的日常训练已经不能满足我了，才逐渐结识了樊洋洋队长和梁令师兄。樊队先拉我进群，后来喊我跑步，去也西湖练动作，直至比赛。选择龙舟，是因为我觉得这肯定是一项很硬核的运动。后来发现确实如此，而且更为硬核的是热爱这项运动的一群人。

第一次比赛好像是端午时节在合肥某商圈围绕的一个湖里。当时队里的主力在另一个地方比赛，我们好多新人去那划船带有一些训练加提前体验的性质。韩书雅队长好像被教练盯着，不能远游，于是开开心心地带着我们在附近逛，然后热身、比赛。我忘了是200米还是500米，只记得一开始我们优势很大，但是时间特别漫长，后来逐渐被另一条船跟上。我坐在后排，划到后面胳膊也逐渐丧失了知觉，不知道自己发了多少力，只看见前面的队员都在奋力地划着。过线前我们被超了，韩队很生气，问文韬师兄（舵手）我跟上节奏了没，文韬说我跟上了。我心里在庆幸之余，也着实感激。

之后就是日常的训练、比赛、吃饭了，直到毕业。在这个过程中，我和司老师、老队长、资深队员们一起刻苦训练过、奋力比赛过、开会研究过、喝酒吹牛过、互诉衷肠过。大三时停划了一段时间，至今仍觉遗憾。队里的活动组织越来越正规、科学。精细的晨练、跑步、外出划船等规定是根据比赛状态、个人训练情况不断丰富的。划船动作、比赛经验是不断向外界取经、自我体会而优化的。训练条件、宣传力量、龙舟协会、学校资助是不断争取和发展出来的。赫赫战绩、满堂荣誉、C9名校第一、高

队员丁晨

昂士气是长期坚守和保持的。总的来说，整个龙舟队像家一样，既有严厉的家长、严格的家规、艰难的考验，也有热心的好友、温暖的关怀和殷切的希冀。如果有条件，真的希望可以在里面待一辈子。

不过，追求军旅梦想的我还是离开了科大。没关系，我相信，在下一个十年，中国科大龙舟队会有新的、更精彩的故事。

10. 王光荣

队员王光荣

不知不觉，自己离开学校已经快一年了，摸了摸肚子上的赘肉，才惊叹，自己已经好久没有高强度运动过了。想想一年前自己还是中国科大龙舟队的一员，每周有着科学的运动安排，训练无氧、有氧、耐力、爆发力，小伙伴们相互督促，共同冲刺一个又一个力量目标……

我是2018年夏天进中国科大龙舟队的，那时候自己本科即将毕业，时间稍稍多了起来，记得很清楚第一次划完腰还是很疼的，不过那是种酸疼而不是受伤的痛感，伴随着疼痛的是那种酣畅淋漓的快感。合肥的天气是湿热的，导致体内的汗不好排出来，经过这场水上运动，顿时舒服多了。之后每天起大早跟着老队员训练，赶在被太阳晒到之前结束训练，洗个澡开始一天的工作。这种生活持续了一个月，后来才知道这就是队员的暑期集训，为开学后的比赛做准备。我正好在集训期间入队，刚开始就有幸经历了扎扎实实的水上训练。

因我表现还行，很快就被拉到了正规队员的群里，开启了划船、撸铁、比赛的生活，逐渐步入了一个常态化的模式中，除了在实验室工作，就是跟着龙舟队的小伙伴们划船、撸铁，这就是我最主要的业余生活。也西湖、紫蓬山、稻香楼、匡河，每个训练基地都留下了队员们的身影。作为科研压力一般的硕士生，我平时还是有挺多时间参加训练的，打卡次数也是在队里比较多的，虽然力量并不排在前面，但这可能跟自身身体素质有关。

看我时间充裕，大家竟然推选我当了2019—2020年的龙舟协会会长，这对我来说还是比较有压力的，毕竟我在本科期间没有担任过社团的负责人。龙舟协会的前会长是个优秀的国防生，把协会带成了五星社团，我必须得更加努力，发展壮大社团。在新生游园会、进班宣讲的时候，我和我的小团队积极争取各种宣传的机会，到好几个学院进行了宣讲，努力提高龙舟在校园的影响力，吸引新鲜的血液加入到队伍中。日常活动中，我鼓励新同学走进健身房、走向水上训练，也正好有龙舟队队长组织的每周健身房教学活动，依托队里众多的体能训练大佬，教新同学科学健身的方法，让大家逐步养成力量训练的好习惯。

在任期内，我参与举办了第一届校园师生龙舟赛，比赛在紫蓬山宽阔的河道上展开，4条龙舟同时在赛道上排开，大家都拼尽全力让龙舟加速冲过终点，场面非常壮观。这次活动也产生了不错的影响，让这种水上比赛在本校师生中举办成为了可能，让很多没有机会参加龙舟比赛的同学们体验了一把水上竞渡。也希望这个比赛能有机会成为一年一度的精品体育活动。

在中国科大龙舟队成立十周年之际，祝愿中国科大龙舟队越来越好，不断取得佳绩，也祝自己能继续保持在队里养成的好习惯，工作锻炼两不误！

11. 柴源

首先热烈祝贺中国科大龙舟队成立十周年。十年风雨，十载辉煌，中国科大龙舟队的精神传承了一届又一届，中国科大龙舟队也已成为科大体育界一抹亮丽的风景线，更是活跃在全国各大龙舟赛事中，在"龙舟圈"中打出了响亮的名声。回首自己的本科生涯，龙舟队活动占据了课余生活的"半壁江山"，我对龙舟队也倾注了很多的感情，真心祝愿中国科大龙舟队越来越好。

2017年秋我考入中国科大,第一次接触龙舟队还是因为听了司老师在第一节理论体育课上的介绍。其他的内容我已经记不清了,只记得司老师说过,有个很瘦的小伙儿想划龙舟,但担心没有力量划不动,然后跟着龙舟队练了一年就变得很壮很结实。我当时想找个体育社团变瘦些,可是篮球不会打,足球不会踢,网球、乒乓球更是没怎么摸过,而划龙舟虽然也需要一定的动作,但大家都在同一起跑线上,反而是体育社团中最适合自己的。可惜第一学期我还是个懵懂少年,也没有遇到龙舟队的宣传,到了2018年春才有机会,在也西湖体验了一下龙舟,好像还是韩队教的。有了第一次就有第二次,然后就一发不可收拾,跟着大家一起划船、一起健身,参加大大小小的比赛,成了老队员后也开始带新人,甚至担任了龙舟协会会长,和大家办了场轰轰烈烈的校园龙舟赛,也算没有愧对组织对我的期望。

对我而言,遇到龙舟队是一件很幸运的事情。回顾本科的校园生活,除了略显枯燥的学习科研,有龙舟队生活值得回味,让我感到本科四年过得很充实、很精彩。我觉得本科虽然是学业第一位,但同时也要有社团经历,不仅是为了培养其他能力、丰富校园生活,更重要的是找到一种归属感、荣誉感。我很幸运加入龙舟队,不仅是因为获得了强健的体魄,养成了健身的习惯,更是因为遇到了一群可爱的队友,一起健身、一起划船、一起跑步、一起游泳、一起晨练、一起备赛、一起吃饭、一起开车、一起掼蛋、一起拔河……从没跑过长距离的我,跟在甘队屁股后面跑了5000米;早上定了一堆闹钟,去体教晨练练吐了;比赛下雨,顶着雨在船上喊"中国科学技术大学队";拿了冠军,拿着奖金在饭店里推杯换盏;校园龙舟赛烈日当头,发现大家的胳膊都晒紫了还在那指挥……这些只能留在回忆里一点点淡去,单纯快乐的日子回不去了,真是难受……

在龙舟队的时候没什么感觉,离开后才发现不知不觉间竟然投入了这么多感情。很高兴能在人生最青春阳光的四年遇到龙舟队,很高兴曾和大家一起奋斗拼搏、一起品尝喜怒哀乐,虽然这样美好的生活不再,但龙舟队后浪推前浪,我也会在远方默默地关注和祝福,期待中国科大龙舟队更加美好辉煌的下一个十年!

队员柴源

12. 刘杰

我还清楚地记得,正巧大四保研后有些浑浑噩噩,当时入队有两年的好兄弟丁晨说来参加龙舟队这边的训练吧,于是开启了在中国科大龙舟队的三年时光。

自己本身并无较好的健身基础,刚开始晨训时,在降低动作标准之后仍觉得力不从心,一顿哼哧之后勉强将训练完成,仿佛从重压之中解脱。反而是晨练完的时候最让我期待,大家个个盘中放着个数不少的鸡蛋,配上专门让卖饭窗口加大碗的豆浆,在欢声笑语中饕餮完这一餐。最初的水上训练也是颇费周章,动作也是在前辈们的三番五次指导下才勉强完成的,在拉大桨的时候,肌肉的疲劳感也很强。直到丁晨带训的某一天,整条船一口气拉了7000米的大桨,使我有点适应了节奏与强度。这也成为了我之后与新人接触时常说的"等你们一口气划几千米的大桨,就不会觉得这么累了"。在慢慢上手之后,我逐渐感觉到了力量训练和龙舟训练后的快乐以及自身在逐步锤炼中慢慢变强所带来的自信。最难忘的是在虎山集训的日子,我全身心地投入到龙舟运动中,在完全的纯粹之中大家仍然能够苦中作乐,将这段日子过得阳光灿烂。

除了训练时刻,与大家在比赛之中的欢乐时光也让人回味万千:冰雪风光的五大连池、天鹅

队员刘杰

湖的最后一枪、遵义卧龙湖上的2000米畅划、亳州赛场见证龙头奖以及聊城全国大学生龙舟论剑，每一场比赛都让人难以忘怀。与中国科大龙舟队这个大家庭里的兄弟姐妹们的情谊也在比赛中进一步加深，他们会永远在身边，会永远全力以赴，会永远在我的记忆里。

入队以来，看过许多人来人去，很快也到了自己说再见的日子，很高兴能与大家一起拼搏奋斗，期待中国科大龙舟队下一个美好辉煌的十年。

13. 蒋谟东

至于为什么想要加入龙舟协会并最终成为一名中国科大龙舟队的队员，我已经记不太清了，只依稀记得2018年新学期社团招新的时候，看到龙舟队和龙舟协会的宣传，就觉得这项运动真的很牛、很酷，是男人玩的。我想，这也是男生天生对于力量和激情的追求吧。

还记得第一次和老队员们去稻香楼训练的场景，有几位老队员，穿着中国科大龙舟队队服，黝黑的皮肤、紧致的肌肉线条，这无疑在我心中埋下了变强变猛的种子。刚开始训练时，我总是特别卖力，一是我对自己极为严格，二是希望可以早点得到队内的认可，成为主力。因此好几次，张士龙（时任队长）夸我训练刻苦，说队里看好我，让我好好练，我就备受鼓舞，更加积极地训练。那段时间，我连续锻炼了一个月，第一次养成了锻炼的习惯。后来，由于学业繁忙、个人问题、新冠疫情，还没参加过一场比赛的我便淡出了龙舟队。我真正地融入中国科大龙舟队，在科大有了归属感，开始于2020年疫情后返校。

2020年返校后，我刚好大四，又保研了，啥事儿没有，就又开始了健身，没日没夜地练。当时的队长麦贤龙，可能与我同为工院，曾有过交集，便又把我拉进了龙舟队，这一次便再也没错过了。记得那个时候还喜欢一个人在校外的健身房锻炼，有次队内组织训练的时候，碰见了退伍没多久的樊队，他对我说："小伙子，你练得不错啊，怎么平常没看见你啊？在外面干吗？来体教和大家一起练啊，有意思！"从那以后，我确实没再一个人练过，大家一起练确实更有意思。不久，我便参加了第一场比赛——紫蓬山省赛，第一次感受到了竞技体育的魅力，真带劲；当我们第一个冲过终点时，就觉得我们是世界第一！

我至今已经参加了好几场龙舟比赛，包括国家级的、省级的、市级的，但是印象最深的比赛还是2021年的C9名校赛。这场比赛，我们夺回了C9名校第一，力压浙江大学，而且出去比赛时住五星级酒店、吃自助餐，就感觉像和好朋友出去度假一样，真的很快乐。因为这场比赛，我还认识了我现在的女朋友，后来也把她拉进了龙舟队（虽然队内禁止谈恋爱，但是队长除外）。

队员蒋谟东

中国科大龙舟队给大家最大的感觉就是归属感，我也不例外。相比于已毕业的队员们，我还可以在中国科大龙舟队划五年（如果博士可以正常毕业），真的很幸运。如果不是因为疫情复发，十周年之际，我们中国科大龙舟队的队员们还能聚一聚，来场队内交流赛，留下美好的青春回忆。希望毕业的好兄弟们多回家看看，我们还能一起闯码头啊！

值此十周年之际，衷心希望中国科大龙舟队越来越好。我也愿为中国科大龙舟队在下一个十年再续辉煌，贡献自己的全部力量。

第五章

济济一堂

林高华/左划手	宋国锋/右划手	乌云嘎/左划手
2013年	2013年	2014年

蒋小菲/左划手	张小雪/右划手	雷洁瑛/右划手
2014年	2014年	2014年

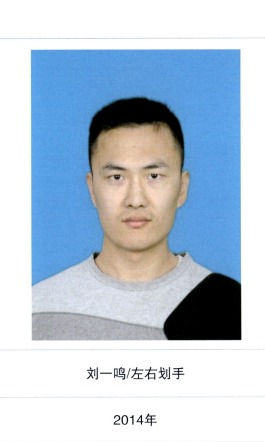		
刘一鸣/左右划手	郑显泽/左划手	许家骏/左划手
2014年	2014年	2014年

仲仁/右划手	邹梓成/左划手/舵手	金成/左划手
2014年	2014年	2014年

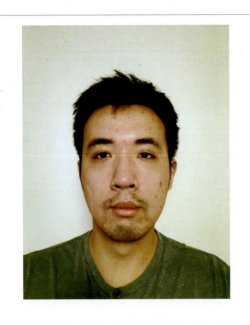		
马啸/右划手	荣伟/左划手	刘珣/左划手
2014年	2014年	2014年

张云鹏/右划手	马儒/左划手/鼓手	李洋/右划手
2014年	2015年	2015年

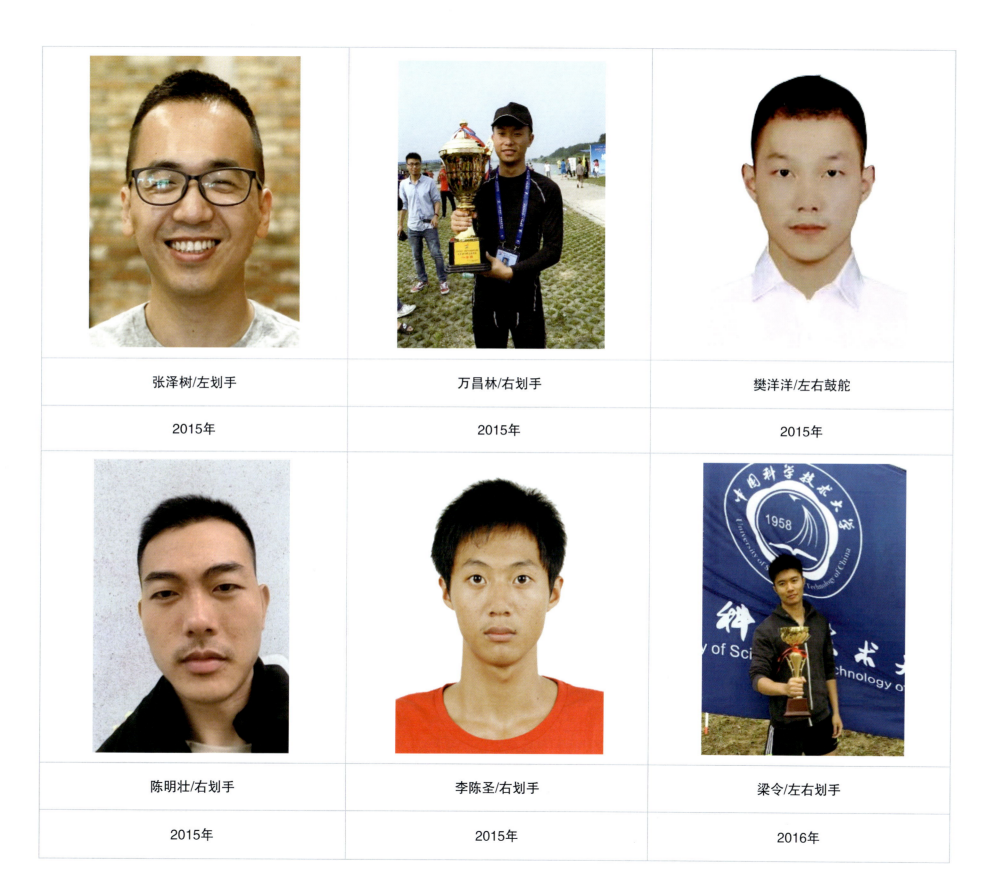

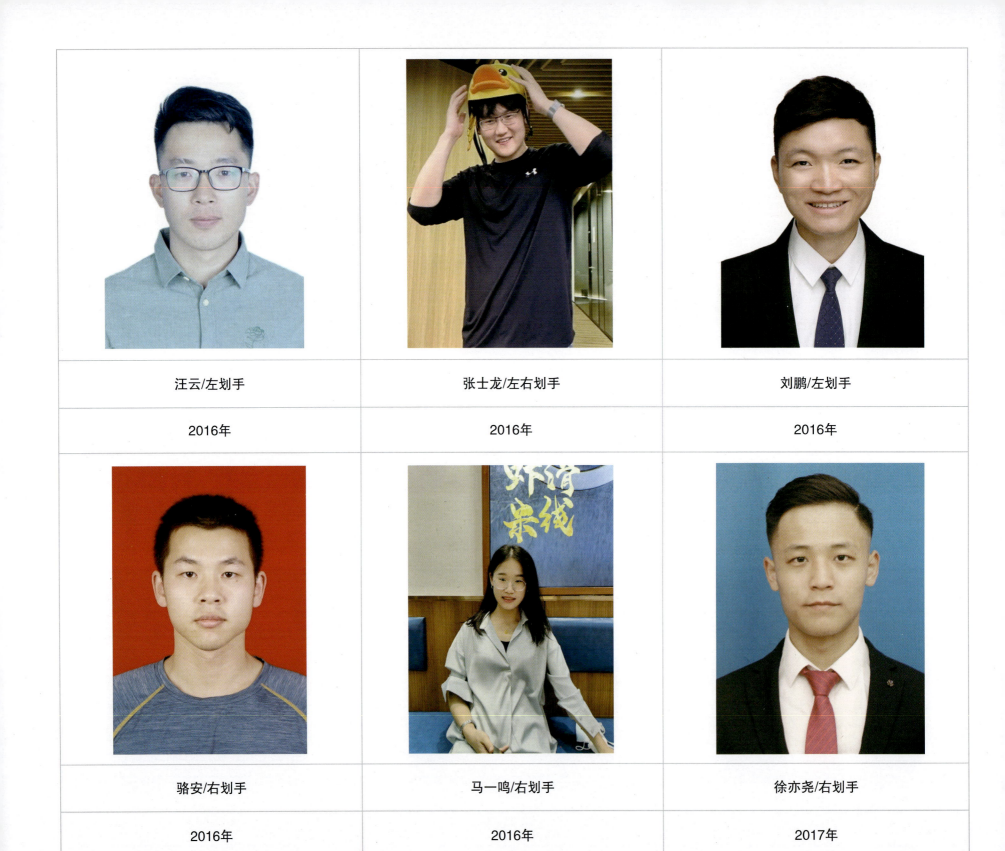

徐亦舜/右划手	周道洋/左右划手	麦贤龙/左划手
2017年	2017年	2017年

贾顿/右划手	于博洋/右划手	叶进/左划手
2017年	2017年	2017年

吴婷欣/右划手	王甘霖/左划手	王彬旭/左右划手/舵手
2017年	2017年	2017年

陈昕宇/鼓手	陆鸿达/左划手	唐丁柯/左划手
2017年	2017年	2017年

张家强/左划手	梁文韬/左右划手/舵手	安永燕/左划手
2017年	2017年	2017年
徐志超/右划手	丁晨/右划手	菅朝樑/舵手
2017年	2017年	2017年

覃天奕/右划手	曹耘宁/右划手	裴茗/右划手
2017年	2017年	2017年

赵芷君/左划手	柴源/右划手	李耿鑫/鼓手/左划手
2018年	2018 年	2018年

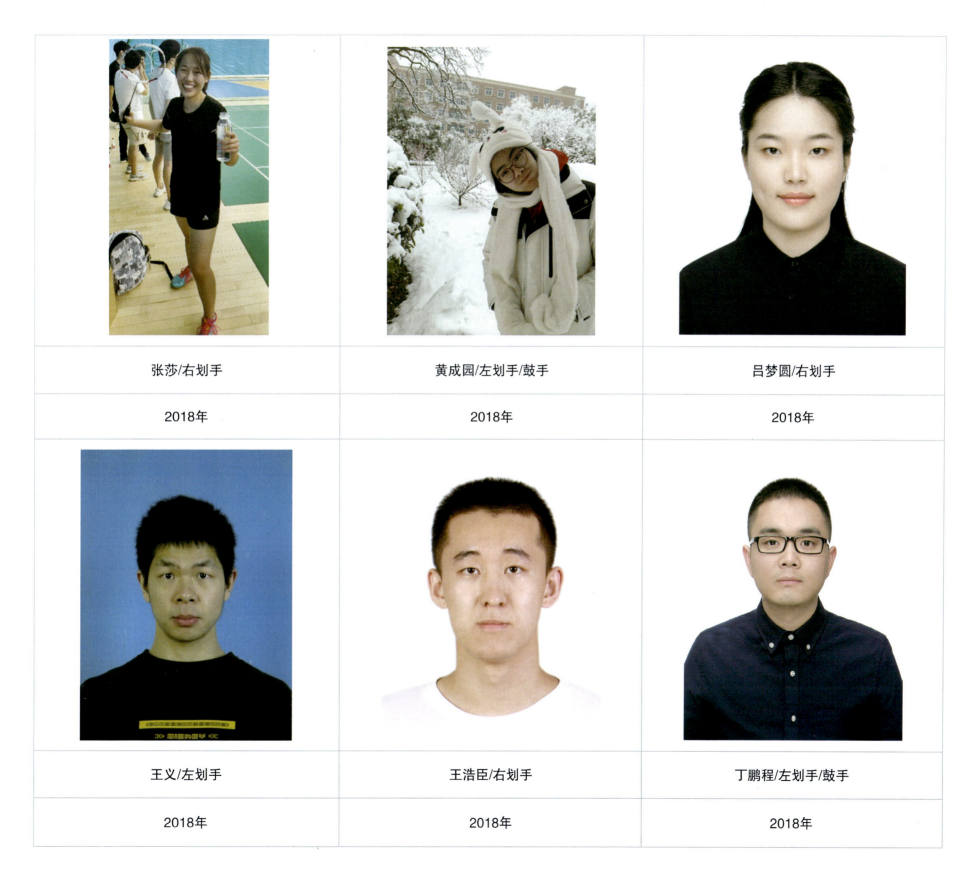

邹维/舵手	蒋谟东/左划手	王光荣/右划手
2018年	2018年	2018年

李俊毅/左划手	王瑞标/左划手	哈梦可/右划手
2018年	2019 年	2019年

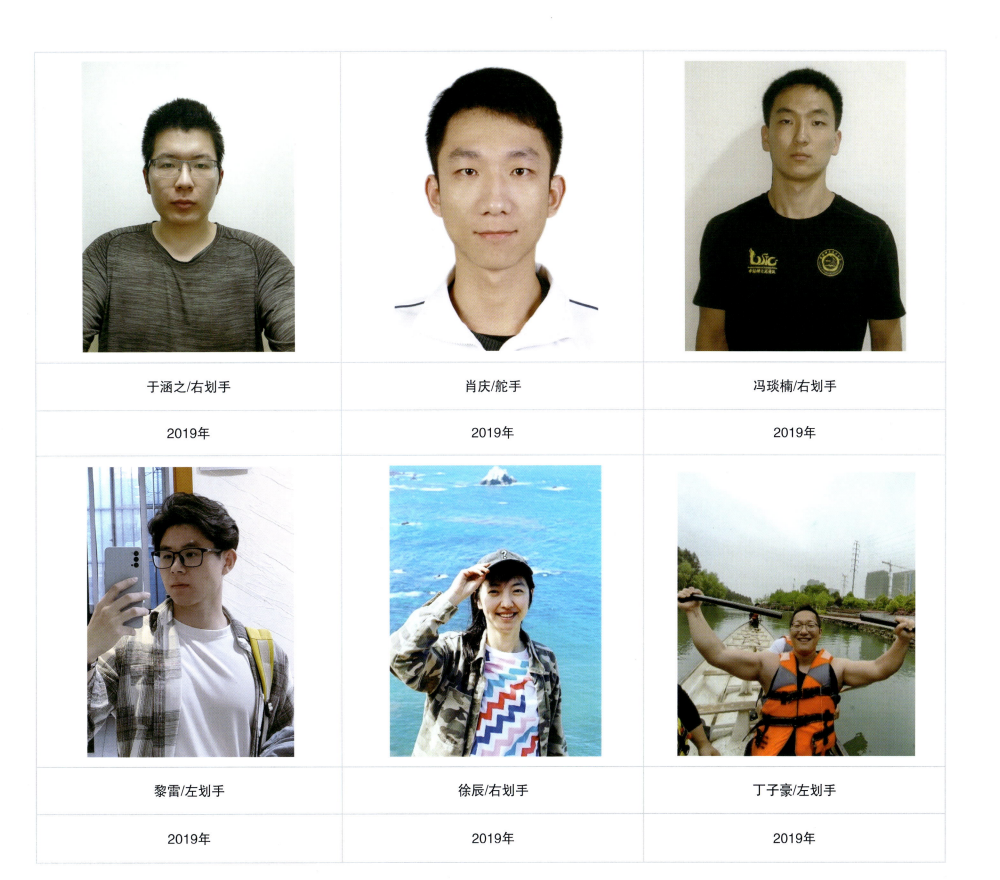

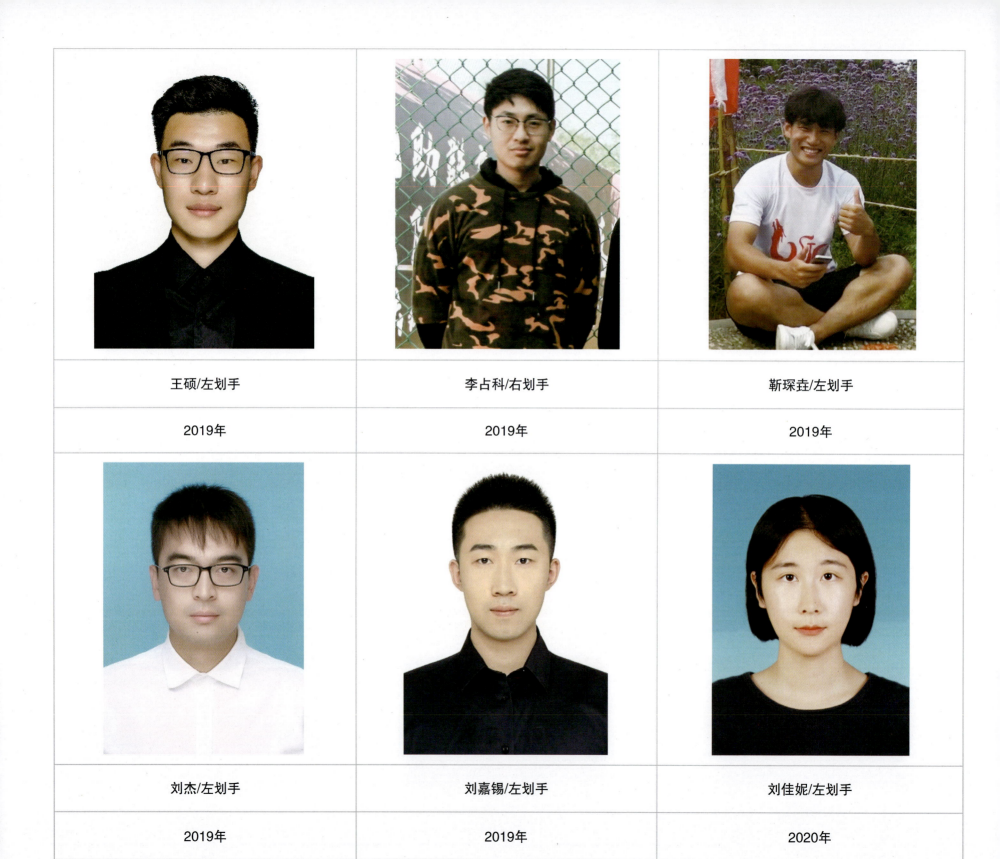

曾嘉轩/右划手	周涛/右划手	宋曼/右划手
2020年	2020年	2020年
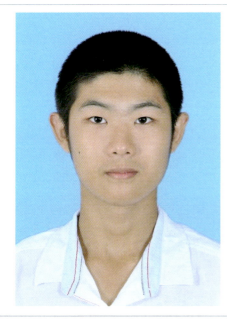	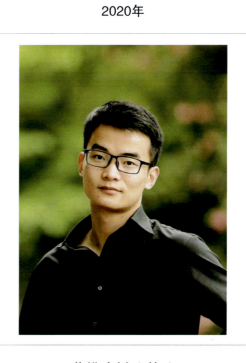	
曾奕臻/右划手	黄麒/右划手/鼓手	张枫吟/左划手
2020年	2021年	2021年

第五章 济济一堂

	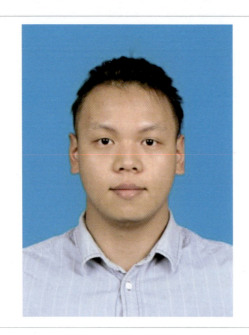	
郑晓萱/左划手/鼓手	缪阳洋/右划手	朱佳雯/左划手
2021年	2021年	2021年
	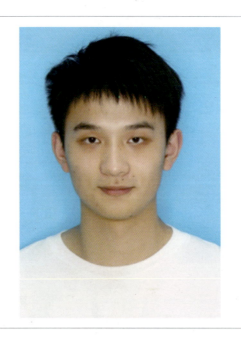	
曹浩东/右划手	盛霆烽/左划手	闫卓然/右划手/鼓手
2021年	2021年	2021年

杨凯云/左划手/舵手	汪俊辰/左划手	刘永铮/右划手
2021年	2021年	2021年
	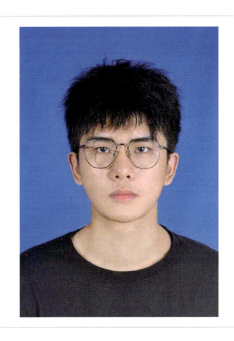	
易若龙/右划手	姚昆仑/左划手	梁梦雪/右划手
2021年	2021年	2021年

第五章 济济一堂

队 员 名 单

艾道盛	范晓蕾	靳琛垚	刘嘉锡	缪阳洋	王 凯	徐亦尧	张岩松	安永燕
冯 通	雷洁英	刘 杰	潘 其	王 珂	徐印涵	张云鹏	蔡海亮	冯琰楠
黎 雷	刘 鹏	裴 茗	王梦蝶	徐志超	张泽树	曹浩东	符燕燕	李陈圣
刘 睿	裴宇翔	王 琦	许家骏	张 洲	曹树灿	付姝琪	李冬冬	刘润昕
荣 伟	王瑞标	许少歆	赵芷君	曹耘宁	葛浩森	李耿鑫	刘 时	盛霆锋
王润泽	闫卓然	郑建文	曾嘉轩	哈梦可	李 缙	刘 威	司友志	王 硕
杨凯婷	郑显泽	曾奕臻	韩书雅	李俊毅	刘 珣	宋国锋	王婉晴	杨凯云
郑晓萱	柴 源	何光旭	李平金	刘一鸣	宋 曼	王亚倩	杨雅琦	仲 仁
陈 杰	何正清	李训普	刘永铮	孙海龙	王 义	姚昆仑	周 超	陈俊源
侯纪伟	李 洋	刘子菲	覃天奕	王毅龙	叶 进	周道洋	陈 雷	黄成园
李占科	陆鸿达	唐丁柯	王展翅	叶林铨	周 涛	陈明壮	黄 海	李竹韵
骆 安	汪 芳	乌云嘎	易若龙	朱 成	陈 朋	黄 麒	梁 菊	吕梦圆
汪俊辰	吴林军	于博洋	朱佳雯	陈昕宇	贾 顿	梁 令	吕青霜	汪 伟
吴婷欣	于涵之	朱振宇	代 波	菅朝樑	梁梦雪	吕晓新	汪 云	吴为岂
张枫吟	邹 维	丁 晨	蒋谟东	梁文韬	吕晓鑫	王彬旭	向国泉	张家强
邹梓成	丁鹏程	蒋朋岑	廖 亮	马 儒	王甘霖	肖 庆	张隆娟	丁子豪
蒋小菲	林高华	马 啸	王光荣	熊 欣	张 莎	杜智博	金 成	刘 慧
马一鸣	王海清	徐 辰	张士龙	樊洋洋	金 源	刘佳妮	麦贤龙	王浩臣
徐亦舜	张小雪	Amara	Hirra	Margret	Sara			